Jules Lwesso Kisalima

Quatre Ans la Terre Ecoute la Voix du Semeur

Jules Lwesso Kisalima

Quatre Ans la Terre Ecoute la Voix du Semeur

Éditions Croix du Salut

Imprint
Any brand names and product names mentioned in this book are subject to trademark, brand or patent protection and are trademarks or registered trademarks of their respective holders. The use of brand names, product names, common names, trade names, product descriptions etc. even without a particular marking in this work is in no way to be construed to mean that such names may be regarded as unrestricted in respect of trademark and brand protection legislation and could thus be used by anyone.

Cover image: www.ingimage.com

Publisher:
Éditions Croix du Salut
is a trademark of
Dodo Books Indian Ocean Ltd. and OmniScriptum S.R.L Publishing group
Str. Armeneasca 28/1, office 1, Chisinau-2012, Republic of Moldova, Europe
Printed at: see last page
ISBN: 978-620-3-84458-0

QUATRE ANS LA TERRE ECOUTE LA VOIX DU SEMEUR

LA PUISSANCE DE LA RESSURECTION DU FILS DE L'HOMME

A ma sœur et frère racheté, notre Sauveur et Seigneur est ressuscité d'entre les morts, et il est resté en vie. Il s'est montré à plusieurs fois à ses disciples.
Sa victoire sur la mort et son corps glorifié nous donne l'assurance que non seulement il est avec nous aujourd'hui mais qu'un jour toutes choses deviendront nouvelles. Vous et moi, les rachetés/les élus/l'Eglise du Christ/fils et filles de Dieu pouvons espérer une Nouvelle création et une vie avec Dieu, où il n'y aura plus ni douleur, ni souffrance, ni larmes : Apocalypse 21:1- 4 "Puis je vis un nouveau ciel et une nouvelle terre, car le premier ciel et la première terre avaient disparu, et la mer n'était plus. Et je vis descendre du ciel, d'auprès de Dieu, la ville sainte, la nouvelle Jérusalem, préparée comme épouse qui s'est parée pour son époux. J'entendis du trône une forte voix qui disait : voici le tabernacle de Dieu avec les hommes ! Il habitera avec eux, et ils seront son peuple, et Dieu lui-même sera avec eux. Il essuiera toute l'arme de leurs yeux, et la mort ne sera plus, il n'y aura plus ni deuil, ni cri, ni douleur. Car les premières choses ont disparu“.
Chères voisines et voisins avez-vous l'assurance d'être racheté pour espérer vivre avec Dieu dans cette nouvelle création ? Car il faut être une nouvelle créature spirituelle en Jésus Christ pour y entrer. Il est temps d'accepter Jésus Christ et il vous donnera une vie spirituelle nouvelle qui vous donnera l'accès à la vie éternelle dans le tabernacle de Dieu avec les hommes. Prenez une ferme décision maintenant et attendez pas demain.

LE FILS DE DIEU EST LA RESSURECTION ET LA VIE

A ma sœur et frère racheté, nous connaissons toutes et tous cette affirmation de notre Seigneur et Sauveur Christ faite à Marthe : Jean 11:25 -26 : "Jésus lui dit: je suis la résurrection et la vie. Celui qui croit en moi vivra, même s'il meurt, et quiconque vit et croit en moi ne mourra jamais". Chères voisines et voisins en

qui croyez-vous ? Ne croyez surtout pas en un être humain qui a des limites comme vous. En dehors du Fils de Dieu. Il n'y a pas de résurrection possible. Le temps ne représente aucun obstacle pour lui qui a le pouvoir de la résurrection et de la vie. Car il est en mesure de donner la vie à tout moment où vous, vous repentez et vous vous confiez à lui. Le Fils de l'homme invite Marthe tout comme vous et moi à faire confiance à lui comme le seul à pouvoir ressusciter les morts. Chères voisines et voisins, quiconque croit en lui ressuscitera le jour de son avènement. Le croyez-vous ? Christ l'affirme lui-même encore dans Jean 5:28-29 "Ne vous étonnez pas de cela, car l'heure vient ou tous ceux qui sont dans les sépulcres entendront sa voix, et en sortiront .ceux qui auront fait le bien ressusciteront pour la vie, mais ceux qui auront fait le mal ressusciteront pour le jugement." Chères voisines et voisins ne soyez pas parmi celles et ceux qui rejettent Christ, leur sort est de ressusciter pour le jugement et le châtiment éternel, la séparation d'avec le Dieu vivant. C'est la seconde mort après la mort physique. Seuls les rachetés /les sauvés en Christ connaîtront la résurrection spirituelle et physique pour entrer dans la vie éternelle.
Que celui qui a les oreilles entendent ce que l'Esprit dit aux Églises.

LE BUT DE TOUT(E) RACHETÉ (E) C'EST LA CONFORMITÉ À CHRIST ICI ET MAINTENANT

A ma sœur et frère racheté, Dieu attend de vous et moi, une seule chose, celle de se conformer à Christ, notre Sauveur et Seigneur. Cause pour laquelle l'apôtre Paul affirme qu'il court vers le but en vue de remporter le prix : Philippiens 3:14 "Je cours vers le but, pour remporter le prix de la vocation céleste de Dieu en Jésus Christ". Le but pour chaque racheté est sa conformité à Christ ici et maintenant et le prix est la conformité à Christ le jour de son retour pour une vie éternelle : Philippiens 3:20-21 "Mais nous, nous sommes citoyens des cieux, d'où nous attendons aussi comme Sauveur le Seigneur Jésus Christ, qui transformera le corps de notre humiliation, en le rendant semblable au corps de sa gloire, par le pouvoir qu'il a de s'assujettir toutes choses". L'apôtre Jean le confirme également : 1 Jean 3: 2 "Bien-aimés, nous sommes maintenant enfants de Dieu, et ce que nous serons n'a pas encore été manifeste, mais nous savons que, lorsqu'il apparaîtra, nous serons semblables à lui, parce que nous le verrons tel qu'il est". Chères voisines et voisins, sortez dans la distraction de votre religion, Dieu attend de vous et moi une seule chose " être semblable à Christ ici et maintenant pour qu'a son retour vous soyez semblable à Christ.

Or sans son Esprit en vous. Il est impossible de le rejoindre dans la nouée le jour de son retour. Repentez-vous et soyez remplit de l'Esprit de Christ pour mener une vie spirituelle identique à Christ ici et maintenant et alors il vous enlèvera auprès de lui.

L'ESPRIT DE DIEU TRAVAIL EN VOUS POUR VOUS RENDRE SEMBLABLE À L'IMAGE DE CHRIST

A ma sœur et frère racheté, notre nature céleste et divine ne sera entièrement révéler qu'a l'apparition de Jésus Christ, notre Seigneur : 1 Jean 3:2-3 "Bien-aimés, nous sommes maintenant enfants de Dieu, et ce que nous serons n'a pas encore été manifeste. Mais nous savons que lorsqu'il paraîtra, nous serons semblables à lui, parce que nous le verrons tel qu'il est. Quiconque a cette espérance se purifie, comme lui-même est pur". L'Esprit de Dieu travaille en nous pour nous rendre semblable à lui : 2 Corinthiens 3:17-18 "Or le Seigneur, c'est l'Esprit, et là où est l'Esprit du Seigneur, là est la liberté. Nous tous dont le visage découvert reflète la gloire du Seigneur, nous sommes transformés en la même image, de gloire en gloire, par l'Esprit du Seigneur".

Chères voisines et voisins, les rachetés/les élus sont continuellement transformés à l'image de Christ pendant que vous, vous restez dans vos habitudes de la religion. L'apôtre Paul insiste : Romains 8:29 "Car ceux qu'il a connu d'avance, il les a aussi prédestinés à être semblables à l'image de son fils, afin que son fils soit le premier né de beaucoup des frères".

Avez-vous Christ en vous pour être parmi celles et ceux qui sont semblables à lui et qui le verront le jour de son retour ?

Soyez sanctifié comme lui-même est Saint.

NOUS REVETERONS UN CORPS PAREIL À CHRIST ET SERONS CITOYENS DES CIEUX

A ma sœur et frère racheté vous êtes citoyen des cieux. C'est à dire l'endroit où Dieu règne et Christ est présent. C'est la cité des rachetés : Jean 14: 2-3 "Il y a plusieurs demeures dans la maison de mon Père. Si cela n'était pas, je vous l'aurais dit. Je vais vous préparer une place. Et lorsque je m'en serai allé, et que je vous aurais préparé une place, je reviendrai, et je vous prendrai avec moi, afin que là où je suis vous y soyez aussi.". Une bonne nouvelle pour vous et moi, nous sommes "citoyens des cieux : Philipiens 3:20-21" Mais nous, nous sommes citoyens des cieux. D'où nous attendons aussi comme Sauveur, Jésus Christ, qui transformera le corps de notre humiliation, en le rendant semblable au corps de sa gloire, par le pouvoir qu'il a de s'assujettir toutes choses "Réjouissez-vous, peuple de Dieu, votre nom y est enregistré également : Luc 10:20" Cependant ne vous Réjouissez pas de ce que les esprits vous sont soumis, mais Réjouissez-vous de ce que vos noms sont écrits dans les cieux "Et un héritage vous y attend aussi : 1 Pierre : 1:4" Béni soit Dieu, le Père de notre Seigneur Jésus Christ, qui, selon sa grande miséricorde, nous a régénéré, pour une espérance vivante, par la résurrection de Jésus-Christ d'entre les morts pour un héritage qui ne peut ni se corrompre ni se souiller, ni se flétrir, il vous est réservé dans les cieux".

Chères voisines et voisins avez-vous cette espérance de revêtir le corps glorieux comme celui de Christ et devenir citoyen(ne) des cieux ?

LA NATURE DE NOTRE CORPS SPIRITUEL OU RESSUSCITE

A ma sœur et frère racheté, le corps mortel qui vous pousse à ignorer Dieu, votre créateur ne sera plus. Nous aurons un corps spirituel : 1 Corinthiens 15:42-44 "Ainsi en est-il de la résurrection des morts. Le corps est semé corruptible, il ressuscite incorruptible, il est semé méprisable. Il ressuscite glorieux. Il est semé infirme. Il ressuscite plein de force, il est semé corps naturel, il ressuscite corps spirituel. S'il y a un corps naturel, il y a un corps spirituel".

L'Apôtre Paul porte son attention sur le corps spirituel / ressuscité et indique quatre différences avec le présent corps mortel.

1. Le corps est semé corruptible et ressuscitera incorruptible c'est à dire il n'y aura plus de maladie et de mort (corps en décomposition).
2. Le corps est semé méprisable et il ressuscitera glorieux, c'est à dire un corps sans cicatrices, rides, poids de l'âge, et les traces du péché.
3. Le corps semé infirme, ressuscitera plein de force, c'est à dire il n'y aura plus de faiblesse devant la tentation, il sera en plein force qui lui manque actuellement. C'est ainsi qu'après la résurrection, le Seigneur Jésus fut capable d'entrer dans une pièce dont les portes étaient fermées.
4. Le corps est semé naturel, ressuscitera un corps spirituel. La différence entre le corps naturel et spirituel est que le naturel est adapté à la vie sur terre sous le contrôle de l'âme et le corps spirituel sera adapté à la vie éternelle sous le contrôle de l'Esprit. Dieu a créé l'homme esprit, âme et corps. C'est pourquoi il est écrit : 1 Corinhiens15 :45 "le premier homme, Adam, devint une âme vivante. Le dernier Adam est devenu un Esprit vivifiant. Chaque racheté de Christ qui a son Esprit revêtira un corps immortel".

Chères voisines et voisins avez-vous l'Esprit de Christ pour revêtir un corps spirituel/immortel ?

Sinon, repentez-vous et recevez Christ comme sauveur de votre âme.

REVÊTIR CHRIST SAUVEUR POUR AVOIR UN CORPS SPIRITUEL

A ma sœur et frère racheté, revêtir Christ au quotidien désigne donc le processus de purification morale d'un fils/ fille de Dieu/ racheté /Église du Christ/ Élu de Dieu. Ce processus arrive à terme qu'au jour de notre résurrection ou nous serons rendus parfaits :
1 Corinthiens 15:42-45. "Ainsi en est-il de la résurrection des morts. Le corps est semé corruptible, il ressuscite incorruptible, il est semé méprisable, il ressuscite glorieux, il est semé infirme, il ressuscite plein de force, il est semé corps naturel, il ressuscite corps spirituel. C'est pourquoi il est écrit : le premier homme Adam, devint une âme vivante. Le dernier Adam est devenu un Esprit vivifiant", la Sainte Bible nous invite à la sanctification c'est à dire devenir progressivement plus saint à l'image de Christ Sauveur de l'humanité. Sans cela vous ne verrez pas Dieu. Êtes-vous un Esprit vivifiant ? Si non repentez-vous.
Chères voisines et voisins ne restez pas sur la terre en train d'accomplir les désirs de votre corps mortel mais au contraire revêtez-vous de Christ pour ne plus accomplir le désir charnel de ce monde. Devenez par la grâce un être céleste avec un corps ressuscité le jour de son retour. Car, il n'y a que ceux/celles qui revêtent Christ auront ce jour qui arrive le corps spirituel.

EN MARCHE VERS LA STATURE PARFAITE DE CHRIST

A ma sœur et frère racheté, efforçons nous d'atteindre la stature parfaite de Christ : Ephésiens 4:11-13 "Et il a donné les uns comme apôtres, les autres comme prophètes, les autres comme évangélistes, les autres comme pasteurs et docteurs pour le perfectionnement des saints en vue de l'œuvre du Ministère et de l'édification du corps de. Christ, jusqu'à ce que nous soyons tous parvenu à l'unité de la foi et de la connaissance du Fils de Dieu, a l'état d'homme parfait, a la mesure de la stature de Christ".

Chères voisines et voisins, Dieu désire que tout (e) racheté(e) manifeste les qualités de son Fils, qui est lui-même l'étalon permettant de mesurer leur maturité spirituelle et leur perfection. Ne restez pas un chrétien immature sans connaissance solidement enraciné en Christ Sauveur par la Parole de Dieu et la marche par l'Esprit de Dieu. Ne restez pas à accepter toute sorte d'interprétation fallacieuse de la Sainte Bible que promulguent les religions et les esclaves de Satan, des faux docteurs malhonnêtes dans l'œuvre de Dieu. Le projet éternel de Dieu pour ses rachetés est de les rendre semblables à. Christ : Romains 8:29 " Car ceux qu'il a connu d'avance, il les a aussi prédestinés à être semblables à l'image de son Fils, afin que son Fils soit le premier né de beaucoup de frères ". De sorte que moi et vous des pêcheurs impies soient un jour transformés à l'image de Christ par le miracle de la grâce. Nous ne possèderons certes jamais les attributs de Dieu mais moralement nous serons comme lui, totalement libre du péché et doté d'un corps glorifié comme Christ.

Marchez-vous vers la stature de Christ ? Si non, repentez-vous et vous serez libre du péché et doté d'un corps glorifié comme celui de. Christ.

QUE LE PÉCHÉ NE RÈGNE DONC PLUS DANS VOTRE CORPS MORTEL

A ma sœur et frère racheté, marcher par l'Esprit de Christ c'est le suivre sans commettre la rébellion contre Dieu/péché/iniquité : Romains 6:12-13 "Que le péché ne règne donc point dans votre corps mortel, et n'obéissez pas à ses convoitises. Ne livrez pas vos membres au péché comme des instruments d'iniquité, mais donnez- vous vous même à Dieu, comme étant vivants de mort que vous étiez, et offrez à Dieu vos membres, comme instruments de justice".

Votre corps mortel est l'endroit vulnérable au péché. Le cerveau et ses processus font partie du corps et qui tente votre âme avec leurs mauvais désirs de convoitises. Mais si vous marchez par l'Esprit de Dieu, vous n'accomplirez point

le péché. Car la Sainte Bible dit qu'avant d'exercer son pouvoir sur le corps, le péché doit d'abord passer par votre volonté. Or quand vous êtes racheté remplit de l'Esprit de Dieu, vous n'obéissez pas à ses convoitises comme le péché agit à partir de vos membres du corps. L'apôtre Paul souligne sa confiance que ceux /celles qui appartiennent à Christ ne permettront pas au péché de régner dans leurs corps et pousser l'âme à désobéir la Parole de Christ. C'est cela le véritable culte à rendre à notre Père céleste : Romains 12:1 "Je vous exhorte donc, frères par compassion de Dieu, a offrir vos corps comme un sacrifice vivant, Saint, agréable à Dieu, ce qui sera de votre part un culte raisonnable".
Chères voisines et voisins, celle/celui qui livre son corps à l'immoralité sexuelle, la débauche de vin et autres plaisirs du corps ne marche pas par l'Esprit et ipso facto ne connaît pas Christ.

COMMENT MARCHER PAR L'ESPRIT ?

A ma sœur et frère racheté, marcher par l'Esprit de Christ c'est être dirige, conduit, guidé par l'Esprit de Dieu. C'est suivre ses indications, agir comme Christ le désire, être comme Christ. Chères voisines et voisins, une des choses que nous avons absolument besoin d'apprendre à faire dans ces temps de la fin, c'est marcher par l'Esprit. La Sainte Bible dit que depuis notre nouvelle naissance, nous avons reçu un cœur nouveau, un cœur de chair, un cœur qui désire plaire à Dieu. Nous avons reçu l'Esprit de Dieu qui crée en nous la volonté et la capacité d'obéir aux commandements de notre Père céleste : Ezéchiel 36:26 -27 "Je vous donnerai un cœur nouveau, et j'ôterai de votre corps le cœur de pierre, et je vous donnerai un cœur de chair. Je mettrai mon Esprit en vous, et je ferai en sorte que vous suiviez mes ordonnances, et que vous observiez et pratiquiez mes lois". C'est pour cela que la Sainte Bible dit que nous sommes un avec l'Esprit de Christ, notre esprit est uni à Christ.

Ainsi le fruit de l'Esprit de Christ se manifeste à travers notre âme et via notre corps qui est le lieu d'habitation de l'Esprit de Dieu : 1Corinthiens 6:19 "Ne savez-vous pas que votre corps est le temple du Saint esprit qui est en vous, que vous avez reçu de Dieu, et que vous ne vous appartenez point à vous-mêmes?".
Donc nous sommes des rachetés. Êtes-vous une /un racheté qui marche par l'Esprit de Christ ? Si non, repentez-vous et vous serez baptisé par l'Esprit de Christ survenant sur vous.

SI VOUS ÊTES EN CHRIST VOUS ÊTES UNE NOUVELLE CRÉATURE

A ma sœur et frère racheté, la repentance et le baptême par l'Esprit de Dieu font de vous une nouvelle créature, une créature merveilleuse, formée par la pensée de Dieu, créée par sa puissance et pour sa gloire. Votre nouvel être hait le péché qui demeure encore en vous. Ma sœur et frère racheté, vous devenez une nouvelle créature, vous n'êtes plus esclave du péché. Vous devenez libre du péché qui n'a plus aucun pouvoir sur vous. C'est ce que l'Apôtre Paul dit aux Romains 6:14 "Sachant que notre vieil homme a été crucifié avec lui afin que le corps du péché soit réduit à l'impuissance, pour que nous ne soyons plus esclaves du péché. Car celui qui est mort est libre du péché. Or si nous sommes morts avec Christ, nous croyons que nous vivrons aussi avec lui. Sachant que Christ ressuscité des morts ne meurt plus, la mort n'a plus de pouvoir sur lui. Car il est mort, et ce pour le péché qu'il est mort une fois pour toute, il est revenu à la vie, et c'est pour Dieu qu'il vit. Ainsi vous-même regardez-vous comme morts au péché et comme vivant pour Dieu en Jésus-Christ.
Que le péché ne règne donc point dans votre corps mortel et n'obéissez pas à ses convoitises. Ne livrez pas vos membres au péché, comme des instruments d'iniquité, mais donnez-vous vous-même à Dieu, comme étant vivants de morts que vous étiez, et offrez à Dieu vos membres, comme des instruments de

justice. Car le péché n'aura point de pouvoir sur vous, puisque vous êtes, non sous la loi mais sous la grâce".

Donc, définissons le Péché et Pécher.

Le péché : c'est mal agir, aux yeux de Dieu créateur.

Pécher : C'est mener sa vie à sa guise sans tenir compte de Dieu.

Chères voisines et voisins celle et celui qui appartient à Christ Sauveur ne permettra pas au péché de régner dans sa vie.

CHRIST SAUVEUR ENTRE DANS VOTRE VIE PAR SON ESPRIT

A ma sœur et frère racheté, en se repentant sincèrement Jésus Christ Sauveur entre dans votre vie par son Esprit et il ne vous quittera jamais : Apocalypse 3:20 "Voici, je me tiens à la porte, et je frappe, si quelqu'un entend ma voix et ouvre la porte, j'entrerai chez lui, je souperai avec lui, et lui avec moi." le Seigneur est prêt à entrer dans un cœur qui accepte de reconnaître sa déroute spirituelle et lui répond par la foi qui sauve, il acceptera de pénétrer en lui et il deviendra "son Église" C'est cela que l'apôtre Paul affirme aux Corinthiens 12:13 "Nous avons tous, en effet, été baptisé dans un seul Esprit, pour former un seul corps, soit Juifs, soit Grecs, soit esclaves, soit libres, et nous avons tous été abreuve d'un seul Esprit".

Donc, l'Eglise, qui représente le corps spirituel de Christ, se forme lorsque les rachetés sont immergés par Christ dans l'Esprit de Dieu, Christ est celui qui baptise. Les rachetés deviennent membres à part entière de l'Eglise, qu'est le corps du Christ, mais surtout "l'Esprit de Dieu, lui-même vient demeurer en chacun d'eux : Romains 8:9". Pour vous, vous ne vivez pas selon la chair, mais selon l'Esprit de Dieu qui habite en vous. Si quelqu'un n'a pas l'Esprit de Christ, il ne lui appartient pas".

Chères voisines et voisins, sans l'Esprit de Christ en vous, vous n'êtes pas de Christ. Voilà ce qui doit être bien compris. Vous resterez membre de votre religion. Que celui qui a des oreilles entende ce que l'Esprit dit aux Églises.

NE VOUS CONFORMEZ PAS AU SIÈCLE PRÉSENT

A ma sœur et frère racheté, les gens nous poussent à vivre notre époque, suivre le mode de vie de la majorité qui recherche toujours, qui veut toujours gagner, bref un monde décadent sous l'influence du prince de ce monde.

L'apôtre Paul nous invite au contraire à la perfection comme Christ Sauveur notre Dieu : Romains 12: 2 "Ne vous conformez pas au siècle présent, mais soyez transformé par le renouvellement de l'intelligence, afin que vous discerniez quelle est la volonté de Dieu ce qui est bon agréable et parfait".

Soyez transformé par la Parole du royaume de Dieu conduit par l'Esprit de Dieu afin de prendre la forme de Christ Sauveur. C'est la nouvelle naissance, une vie nouvelle en Christ au quotidien avec pour but de faire la volonté bonne, agréable et parfait de Dieu.

Chères voisines et voisins ne vivez pas selon les lois et principes de ce monde, ne vous laissez pas non plus influencé par la culture dominante du moment ni par le plaisir du corps. Soyez conduit par la Parole et par L'Esprit de Dieu pour atteindre la stature de Christ Sauveur

Que Celui qui a des oreilles entende ce que l'Esprit dit aux Églises.

CHRIST EN VOUS : LE MYSTÈRE DE LA SANCTIFICATION PAR L'ESPRIT DE DIEU

A ma sœur et frère racheté, chaque racheté est appelé à reproduire le caractère de Jésus Christ sauveur dans sa vie au quotidien Le processus de notre transformation à la ressemblance de notre Seigneur et Sauveur Christ de Nazareth se nomme "la sanctification". Chères voisines et voisins dans les loges, les fausses religions et sectes, les esclaves de Satan vous affirment le contraire. Nous vous informons avec joie que l'Esprit de Dieu en vous a le pouvoir de reproduire les changements que Dieu veut opérer dans votre vie : Philippiens 2:13 "Car c'est Dieu qui produit en vous le vouloir et le faire, selon son bon plaisir “. La ressemblance à Christ ne se produit pas par imitation mais par habitation c'est à dire quand Christ vient habiter en vous ! : Colossiens 1: 27-29 " Dieu a voulu leur faire connaître la glorieuse richesse de ce mystère parmi les païens, savoir : Christ en vous, l'espérance de la gloire. C'est lui que nous annonçons, exhortant tout homme, et instruisant tout homme en toute sagesse, afin de présenter à Dieu tout homme devenant parfait en Christ. C'est à quoi je travaille, en combattant avec sa force qui agit puissamment en moi "

Ma sœur et frère racheté, voilà le mystère révélé, le baptême de l'Esprit de Dieu, c'est Christ sauveur qui vient habiter dans chaque membre de son Église qui profite des richesses ineffables provenant de l'habitation de Christ en lui. C'est ça l'espérance de la gloire pour vous et moi : Romains 8:11 "Et si l'Esprit de celui qui a ressuscité Jésus d'entre les morts habite en vous, celui qui a ressuscité Christ d'entre les morts rendra aussi la vie à vos corps mortels par son Esprit qui habite en vous."

Chères voisines et voisins avez-vous cette espérance que Christ rendra votre corps mortel a la vie éternelle le jour de son retour qui s'annonce imminent grâce à son Esprit qui habite en vous ? Votre fameuse religion n'en donnera pas.

LE MINISTÈRE DE L'ESPRIT DE DIEU : UNE PROMESSE DE DIEU

A ma sœur et frère racheté, Dieu a promis de répandre son Esprit dans toute sa richesse et son universalité via le prophète Joël 2:28-29 "Après cela, je répandrai mon Esprit sur toute chair, vos fils et vos filles prophétiseront, vos vieillards auront des songes et vos jeunes des visions. Même sur les serviteurs et sur les servantes, Dans ces jours-là, je répandrai mon Esprit“. Le verbe

répandre, verser dénote l'abondance du don de l'Esprit. Toute chair signifie l'humanité entière : (Romains 3 :20, Galates 2 :16). Par opposition à l'ancienne alliance où l'Esprit n'était répandu que sur quelques hommes spéciaux, à des occasions particulières en vue des tâches précises notamment aux rois, juges, prophètes et parfois à un agent technique tel que Betsaleel, chargé de présider à la fabrication du tabernacle (Exode 35 : 30-31). Avec la nouvelle alliance, quiconque se répand de ses péchés, accepte Jésus Christ sauveur comme Seigneur et Sauveur de sa vie, reçoit le baptême de l'Esprit de Dieu qui est un revêtement de la puissance divine qui nous permet de témoigner "Christ Sauveur" dans le monde. Chères voisines et voisins êtes-vous revêtu de la puissance divine capable de vous aider à témoigner Christ Sauveur partout dans le monde ?
Que Celui qui a des oreilles entende ce que l'Esprit dit aux Églises

LE SALAIRE DU PÉCHÉ C'EST LA MORT

A ma sœur et frère racheté, le Fils de Dieu a payé sur la croix le prix du péché pour chaque homme et chaque femme rendant ainsi la vie éternelle possible et accessible à toutes et à tous. Cependant, le salut vital doit être activé par la foi individuelle à Christ Sauveur de l'humanité. Donc quiconque persiste dans le péché/iniquité/, la rébellion contre le créateur en tout n'activant pas sa foi en Christ et reste membre de sa religion est mort. Car il récoltera comme salaire la mort spirituelle éternelle : Romains 6:23 "Car le salaire du péché, c'est la mort, mais le don gratuit de Dieu, c'est la vie éternelle en Jésus notre Seigneur".
Chères voisines et voisins, le salaire que vous recevez en demeurant dans l'occultisme, la magie, la sorcellerie, la cupidité de l'argent, la convoitise charnelle, la course vers la richesse, les divisions, la méchanceté, l'immoralité sexuelle, la débauche de vin, le plaisir du monde, l'idolâtrie sous toutes ses formes et autres vies de rébellion contre Dieu vous éloigne du Dieu vivant :

Essaie 59:2 "Mais ce sont vos crimes qui mettent une séparation avec vous et votre Dieu. Ce sont vos péchés qui vous cachent sa face et l'empêche de vous écouter". En bref, le péché/iniquité/rébellion contre Dieu vous sépare de Dieu, soyez au contraire mort pour le péché c'est à dire si vous êtes né de nouveau alors vous êtes délivrés du péché pour une communion avec Christ Sauveur. Il n'y a plus de nature pécheresse en vous. Elle est remplacée par la nature de Christ Sauveur en vous.

Chères voisines et voisins avez-vous la nature de Christ en vous où alors restez-vous membre de votre fameuse religion ?

Que Celui qui a des oreilles entende ce que l'Esprit dit aux Églises.

NOTRE SAUVEUR JESUS CHRIST A ANNULÉ LA MORT ET A FAIT LUIRE LA VIE

A ma sœur et frère racheté, toute la colère de Dieu est tombé sur Jésus Christ pour annuler la mort qui pesait sur l'humanité avec la désobéissance d'Adam et Ève : 2 Timothée 1: 9-10 "Il nous a sauvé et nous a adressé une sainte vocation, non à cause de nos œuvres, mais selon son propre dessein, et selon la grâce qui nous a été donnée en Jésus Christ avant le temps éternel, et qui a été manifesté maintenant par la venue de notre Sauveur Jésus Christ, qui a réduit la mort à l'impuissance et a mis en évidence la vie et l'immoralité par l'Évangile". La mort est une réalité à laquelle aucun être humain ne peut se soustraire. Mais Jésus Christ, sur qui la mort n'avait aucun pouvoir car il était sans péché, a donné sa vie volontairement. Puis il est ressuscité, devenant ainsi le grand vainqueur de la mort. Et il assure maintenant à toutes et à tous ceux qui mettent leur confiance en lui que même s'ils doivent mourir un jour, ils ressusciteront comme lui avec un corps glorieux. Chères voisines et voisins, la mort reste un passage qui ouvre la porte sur la joie éternelle au ciel avec le Roi des rois et Seigneur des seigneurs. Le Psalmiste nous dit de ne pas craindre la mort quand on est en lui

(Psaumes 23 :4-6). Quiconque accepte notre Sauveur Jésus Christ et conduit par l'Évangile ne mourra point.
Que Celui qui a des oreilles entende ce que l'Esprit dit aux Églises.

QUE DIS LA BIBLE DE LA PRIÈRE POUR LES MORTS ?

A ma sœur et frère racheté, vous devez prier pour ceux et celles qui souffrent mais pas pour les morts.
Chères voisines et voisins, la prière pour les morts n'est pas biblique.
Nos prières pour quelqu'un sont sans effet après sa mort.
La vérité est que notre destinée éternelle se confirme au moment de notre mort.
Soit vous êtes sauvé par la foi en Christ Sauveur et vous entrez dans le bonheur éternel pour vous reposer et vous réjouir en la présence du Dieu vivant soit vous êtes jeté dans les tourments de l'enfer.
L'histoire de l'homme riche et du mendiant Lazare illustre bien cette vérité. Jésus de Nazareth l'a rencontré pour enseigner qu'après la mort les injustes sont éternellement séparés du Dieu vivant et se souviennent de leur refus de l'évangile du Christ Sauveur et sont tourmentés en dehors de Dieu (Luc 16: 19-31). La Sainte Bible enseigne que la destinée éternelle de chaque homme/ femme est déterminée par ses actes pendant sa vie sur terre. Celui qui pêche est celui qui mourra. Le Juste sera préservé à cause de sa justice et le méchant sera condamné à cause de sa méchanceté (Ezéchiel 18: 20).
Chères voisines et voisins, comprenez que votre état spirituel ne peut plus être changé après votre mort, soit vous même soit par les prières des princes de l'église romaine. Car l'auteur de l'Epitre aux Hébreux 9: 27 dit que : "Et comme il est réservé aux hommes de mourir une seule fois, après vient le jugement.". Donc les prières pour les morts sont vaines".
La mort est une fin, après laquelle plus aucune prière ne peut plus nous valoir le salut si nous l'avons refusé pendant notre vie.
Que celui qui a des oreilles entende ce que L'Esprit dit aux Eglises

OÙ IREZ-VOUS APRÈS LA MORT ?

A ma sœur et frère racheté, où irez-vous après la mort ? Car après une brève vie terrestre, l'homme/la femme s'en va vers sa demeure éternelle : Ecclésiaste 12:7-10 "où l'on redoute ce qui est élevé, où l'on a des terreurs en chemin, où l'amandier fleurit, ou la sauterelle devient pesante, et où la capre n'a plus d'effet, car l'homme s'en va vers sa demeure éternelle, et les pleureurs parcourent les rues, avant que le cordon d'argent se détache, que le vase d'or se brise, que le seau se rompe sur la source, et que la roue se casse sur la citerne, avant que la poussière retourne à la terre, comme elle y était, et que l'esprit retourne à Dieu qui l'a donné. Vanité des vanités, dit l'Ecclésiaste, tout est vanité". Chères voisines et voisins votre âme ne mourra jamais ! Le Dieu du ciel et de la terre a dit : toutes les âmes sont à moi : Ezéchiel 18:4 "voici toutes les âmes sont à moi, l'âme du fils comme l'âme du père, l'une et l'autre sont à moi, l'âme qui péché c'est celle qui mourra".

Chaque personne sur la terre a une âme qui vivra éternellement, soit dans les bénédictions auprès du Dieu vivant soit dans les peines de l'enfer avec Satan : Jean 3:36 "celui qui croît au Fils a la vie éternelle, celui qui ne croit pas au Fils ne verra point la vie, mais la colère de Dieu demeure sur lui."

Chères voisines et voisins faites un bon choix de quitter Satan et ses œuvres car chacune et chacun rendra compte à Dieu pour lui-même : Romains 14:12 "Ainsi chacun rendra compte à Dieu pour lui-même".

Irez-vous en enfer avec Satan où dans le bonheur éternel auprès du Dieu vivant? Que celui qui a des oreilles entende ce que L'Esprit dit aux Eglises.

GARDEZ VOTRE ÂME PLUS QUE TOUTE AUTRE CHOSE SUR LA TERRE

A ma sœur et frère racheté, nos voisines et voisins offrent leurs âmes au diable/ Satan/ malin/prince de ce monde/menteur en échange du pouvoir, richesse, célébrité, puissance, d'entrer dans la cour des grands, des VIP (Very Important Person) et autres avantages éphémères sur la terre.

Mais vous et moi confions à l'Éternel nos âmes : Psaumes 62: 2 "Oui, c'est en Dieu que mon âme se confie, de lui vient mon salut. Oui c'est lui qui est mon rocher et mon salut. Ma haute retraite, je ne chancellerai guerre". Notre Seigneur et Sauveur nous demande d'observer la première et le plus grand commandement de l'aimer de tout notre cœur, notre âme et notre pensée : Mathieu 22: 37 -38 "Jésus lui répondit : Tu aimeras le Seigneur ton Dieu, de tout ton cœur, de toute ton âme, et de toute ta pensée. C'est la première et le plus grand commandement".

Ma sœur et frère racheté, gardez votre âme plus que toute autre chose ici-bas sur la terre où nous sommes que des pèlerins : Proverbes 4: 23 "Garde ton cœur plus que toute autre chose. Car de lui viennent les sources de la vie".

L'âme qui reçoit Jésus Christ Sauveur a la vie. Le véritable VIP (Very important Person) est celui qui a la vie éternelle qu'est "le Roi des rois et Seigneur des seigneurs, Christ Sauveur".

Chères voisines et voisins rebelles à la vie éternelle gardez vos âmes plus qu'autre chose sur cette terre en vous repentant sincèrement et vous serez délivrez des liens du péché/ iniquité du malin qui vous détient pour mourir éternellement avec lui.

Que celui qui a des oreilles entende ce que L'Esprit dit aux Eglises.

A QUOI SERT A UNE PERSONNE DE GAGNER LE MONDE S'IL PERD SON ÂME

A ma sœur et frère racheté, notre Seigneur Christ Sauveur s'adresse à vous et moi qui sommes ses rachetés, à rechercher "le royaume de Dieu et sa justice sans nous soucier du boire et du manger et puis de ne pas chercher à s'enrichir des choses de la terre qui sont éphémères. Il ne nous demande pas non plus de vivre dans la pauvreté comme si c'était plus spirituel. Mais de vivre comme racheté/église du Christ/élu/fille et fils de Dieu soucieux principalement des œuvres que Dieu a préparées d'avance : Mathieu 16: 26-27 "Et que servirait-il à un homme de gagner tout le monde, s'il perdait son âme ? Où que donnerait un homme en échange de son âme ? Car le Fils de l'homme doit venir dans la gloire de son Père, avec ses anges : et alors il rendra à chacun selon ses œuvres".

Ma sœur et frère racheté notre espérance n'est pas dans la mondialisation/ globalisation qui n'est que le projet des individus pour la domination du monde. Mais dans l'espérance du royaume de Dieu qui s'annonce imminent celui du Roi des rois qui seul apportera la vie et la paix totale que le monde ne peut pas donner.

Chères voisines et voisins, perdre son âme c'est perdre "SA VRAIE PERSONNE, CELLE QUI VIVRA ÉTERNELLEMENT AUPRES DE DIEU OU AUPRES DE SATAN". Posséder tout ce que le monde peut offrir sans le Fils de Dieu, Christ Sauveur, vous place loin de la vie éternelle.

Car tous les biens du monde ne sauraient compenser la perte éternelle de votre âme. Repentez-vous, Soyez baptisé par L'Esprit de Dieu et conduit par la Parole de Dieu.

Que celui qui a des oreilles entende ce que L'Esprit dit aux Eglises.

JE SUIS LA RESSURECTION ET LA VIE

A ma sœur et frère racheté, "en dehors du Fils de Dieu, il n'y a pas de résurrection possible". Seul et alors seul Christ Dieu Sauveur à le pouvoir de la résurrection et de la vie. Car il est en mesure de donner la vie à tout moment comme il a fait avec Lazare : Jean 11: 25-26 "Jésus lui dit: je suis la résurrection et la vie. Celui qui croît en moi vivra, même s'il meurt, et quiconque vit et croit en moi ne mourra jamais".

Chères voisines et voisins en qui croyez-vous ? Le Seigneur affirme que l'âme du racheté/église/élu/fille et fils de Dieu ne mourra point.

Ma sœur et frère racheté, votre âme peut être séparé d'avec le corps ce qui constitue bien une sorte de mort, mais votre âme ne sera jamais séparée de Dieu car L'Esprit de Dieu demeure en vous comme Jésus Christ est votre vie.

Chères voisines et voisins rebelles à Christ Sauveur, votre âme n'a pas de vie parce que vous rejetez la vie qu'est Christ Dieu Sauveur.

Le salaire du péché c'est la mort tandis que le salaire du racheté est la vie éternelle. Faites un bon choix de quitter le péché/l'iniquité/la rébellion contre Dieu/les fables des religieux qui vous prennent en otage et croyez en Jésus Christ Sauveur : Jean 17: 3 "Or la vie éternelle c'est qu'ils te connaissent, toi LE SEUL VRAI DIEU, et celui que tu as envoyé, JÉSUS CHRIST".

C'est cette vie éternelle elle-même, naissant et grandissant dans l'âme du racheté dès ici-bas pour s'épanouir un jour dans la perfection du ciel.

Évitez chères voisines et voisins le péché et autres pratiques des ténèbres de Satan qui entraîne la mort de votre âme et croyez en Jésus Christ Sauveur qui est la résurrection et la vie. En dehors de Dieu Sauveur c'est la mort éternelle.

Que celui qui a des oreilles entende ce que L'Esprit dit aux Eglises.

Es-tu LE ROI DES JUIFS ?

A ma sœur et frère racheté, la royauté de celui qui habite en vous n'est pas de ce monde. Laissez nos voisines et voisins du monde détruirent leurs corps par l'immoralité sexuelle, la débauche de l'alcool, la sorcellerie, la magie, l'amour de l'argent, la recherche du bonheur terrestre et autres pratiques sataniques. Le Christ Sauveur qui est en nous, ses rachetés est "un Roi pour l'éternité" cause pour laquelle nous l'adorons en Esprit et en vérité qu'est sa parole : Jean 18 33-37 "Pilate rentra dans le prétoire, appela Jésus, et lui dit : Es-tu le roi des juifs ? Jésus répondit : est-ce de toi même que tu dis cela ou d'autres te l'ont-il dit de moi ? Pilate répondit : moi, suis-je juif ? Ta nation et les principaux sacrificateurs t'ont livré à moi : qu'as- tu fais ? Mon royaume n'est pas de ce monde, répondu Jésus si mon royaume était de ce monde, les serviteurs auraient combattu pour moi afin que je ne sois pas livré aux juifs, mais maintenant mon royaume n'est point d'ici-bas". Chères voisines et voisins, Christ Sauveur confirme devant Pilate que son royaume n'était pas lié aux entités politiques et nationales terrestres, et ne tire pas son origine du système pervers du monde qui se rebelle chaque jour contre Dieu. A son retour qui s'annonce imminent, il revient conquérir le système mauvais du monde en établissant la forme terrestre de son royaume. Son royaume existe dans la dimension spirituelle jusqu'à la fin des temps : Apocalypse 11: 15 "Le septième ange sonna de la trompette. Et il y eut dans le ciel de forte voix qui disaient : Le royaume du monde est remis à notre Seigneur et à son Christ, et il régnera aux siècles des siècles". Chères voisines et voisins repentez-vous et entrez dans ce royaume éternel qui arrive très bientôt.

Que celui qui a des oreilles entende ce que l'Esprit dit aux Eglises

SAVEZ-VOUS POURQUOI JUDAS ISCARIOT TRAHI JESUS CHRIST DE NAZARETH

A ma sœur et frère racheté, les Saintes écritures indiquent que Judas n'a jamais cru que Jésus Christ était Dieu. Il se peut qu'il n'ait même jamais été convaincu que Jésus était le "Messie". Car contrairement aux autres disciples qui appelaient Jésus "Seigneur", Judas n'a jamais employé ce titre pour Jésus, mais il l'appelait "Rabbi" ce qui implique qu'il ne reconnaissait Jésus comme un "enseignant" alors que les autres disciples ont confessé leur foi et leur loyauté avec ferveur et à plusieurs reprises (Jean 6: 68, 11: 16). Judas ne l'a jamais fait. Donc, Judas souffrait d'un manque de foi en Jésus Christ Sauveur. Ensuite Judas n'avait pratiquement pas non plus des relations personnelles avec Christ, comme c'est le cas des autres disciples qui étaient vraiment proche du Maitre, la Bible montre qu'il était assez distant de Christ.

De plus Judas comme la plupart des personnes à cette époque croyait que le Messie renverserait l'occupation romaine et prendrait le pouvoir pour régner sur la nation d'Israël. Judas y compris les religieux espérait faire partie de l'élite au pouvoir après la révolution de Jésus Christ. Ainsi Judas était déçu de voir Jésus n'avoir pas l'intention de chasser les Romains.

Satan entra dans Judas parce qu'il n'avait pas des relations directes avec "le Seigneur" mais Christ pria pour Pierre au même moment que Satan voulait entrer dans Pierre. Cause pour laquelle il a su vaincre Satan et ses tentations lors de la mort du "Seigneur".

Chères voisines et voisins sans Christ Sauveur en vous par la repentance sincère et le baptême de l'Esprit de Dieu, vous demeurez dans le monde en train de trahir Jésus Christ qui est mort pour sauver chaque individu qui se confie à lui.

C'est dommage que vous vous confiiez à la religion sans une relation sincère et proche avec le Roi des rois et Seigneur des seigneurs.

Ne vous confiez pas aux religieux qui ont pris la place de Christ Sauveur (Sa sainteté le Pape/le très saint père, KIMBANGU dieu saint esprit, le libérateur des noirs/des indiens/Américains, le très très saint pèlerinage à la Mecque et autre usurpateurs).

Que celui qui a des oreilles entende ce que L'Esprit dit aux Eglises

UN DISCIPLE INCONNU DE TOUS : JOSEPH D'ARIMATHEE

A ma sœur et frère racheté, pendant que les religieux et Rome, la puissance colonisatrice d'Israël continuent à pourchasser Christ Dieu Sauveur jusqu'à ce jour en cachant la parole de Dieu et en maintenant nos voisines et voisins dans le monde, Dieu a ses disciples.

A sa mort, un disciple inconnu de tous, témoigne de sa foi en se présentant à Pilate pour avoir le corps de Christ Sauveur. Il met ses moyens en jeu pour la levée de corps et l'enterrement de Jésus Christ, sans grande pompe devant deux braves femmes (les Marie). En dehors de ces d'eux aucun autre disciple.
Joseph d'ARIMATHEE était membre du Sanhedrin qui n'avait point participé à la décision et aux actes des autres religieux consistant à condamner le Sauveur de l'humanité. Également Nicodème, chef religieux qui était venu la nuit vers Jésus participe à ensevelir "Christ dans un sépulcre neuf" qui appartenait à Joseph : Mathieu (27:57-61).
Chères voisines et voisins, Dieu n'a pas besoin des religions qui comptent des milliards des gens mais il a ses rachetés/son Eglise/ ses élus en qui il vit.
Une leçon ce matin pour les congolaises et congolais de la RDC mon pays qui organisent des obsèques et funérailles qui engagent des dépenses énormes. Inspirez-vous de ce qui s'est passé lors de l'enterrement de Jésus Christ pour faire la différence.
De deux, sachez le bien, la Parole de Dieu ne peut plus être cachée, Dieu l'a révélée aux siens/siennes. Faites comme Joseph, Nicodème et les deux femmes (Marie) vous démarquer de cette génération rebelle à Dieu qui continue à renier Dieu Sauveur et sa seconde venue imminente pour persister dans les œuvres et pratiques sataniques. Prenez courage suivez Christ et non les religions et sectes, repentez-vous et Soyez remplit de l'Esprit de Dieu et héritez la vie éternelle. Dieu cherche un homme/une femme c'est vous.
Que celui qui a des oreilles entende ce que L'Esprit dit aux Eglises

VOUS AUREZ DES TRIBULATIONS DANS LE MONDE, MAIS PRENEZ COURAGE, J'AI VAINCU LE MONDE

A ma sœur et frère racheté, Christ Dieu Sauveur vous rassure ce matin qu'il a vaincu le monde, marchez dans cette victoire divine :

Jean 16: 33 : "Je vous ai dit ces choses, afin que vous ayez la paix en moi. Vous aurez des tribulations dans le monde, mais prenez courage, j'ai vaincu le monde". Fixez vos regards sur Dieu Sauveur et non sur vos épreuves et séductions.

Notre Seigneur désigne le monde : la multitude sans l'unique vrai Dieu, la masse des femmes et hommes séparés de Dieu, celles et ceux hostiles à Christ, des personnes qui mettent leur espoir dans les biens terrestres, les richesses, la célébrité, les avantages et plaisirs charnels en s'éloignant du Dieu vivant.

N'enviez et ne craignez point un occultiste, un magicien, un sorcier, un marabout musulman et ses démons, un immoral sexuel, un débauché, les riches membres de l'illiminati et autres loges des ténèbres, un adorateur d'une statue et/où d'un individu comme lui ainsi que toute personne qui commet le péché/ iniquité car son opposition contre vous et moi est vain.

La victoire sur la croix par Christ Dieu Sauveur a déjà porté un coup fatal à ce système mauvais et pervers du diable/Satan/serpent ancien/prince de ce monde/ le malin/menteur et trompeur.

Notre Seigneur avait priez pour vous et moi, nous ne sommes pas du monde à cause de cela le monde nous hait : Jean 17: 14-16 "je leur ai donné ta parole, et le monde les a haïs, parce qu'ils ne sont pas du monde, comme moi je ne suis pas du monde. Je ne te prie pas de les ôter du monde, mais de le préserver du malin. Ils ne sont pas du monde, comme moi je ne suis pas du monde. Sanctifie-les par ta vérité, ta parole est la vérité".

Chères voisines et voisins voilà pourquoi les fausses religions et sectes vous ont caché la vérité. C'est pour vous maintenir dans le monde.

A ma sœur et frère racheté, prenons courage, réjouissons-nous et tenons ferme notre foi, Dieu Sauveur est en nous tous les jours jusqu'à la fin du monde : Mathieu 28:20 "Et enseignez- leur à observer tout ce que je vous ai prescrit. Et voici, je suis avec vous tous les jours jusqu'à la fin du monde".

Que celui qui a des oreilles entende ce que L'Esprit dit aux Eglises

LE LION DE LA TRIBU DE JUDA A ÉCRASÉ LA TÊTE DU SERPENT ANCIEN SELON LA SENTENCE DE DIEU AU COMMENCEMENT

A ma sœur et frère racheté, soyons dans l'allégresse car le serpent qui avait séduit Adam et Ève en le conduisant dans la désobéissance de la parole de Dieu et qui a introduit la mort de l'homme et la rupture de la communion entre le créateur et nous la créature est vaincu : Genèse 3: 13 "Et l'Éternel Dieu dit à la femme : pourquoi as-tu fait cela ?

La femme répondit : le serpent m'a séduite, et j'en ai mangé. L'Éternel Dieu dit au serpent : puisque tu as fait cela, tu seras maudit entre tout le bétail et entre tous les animaux des champs, tu marcheras sur ton ventre, et tu mangeras de la poussière tous les jours de ta vie. Je mettrai inimitié entre toi et la femme, entre ta postérité et sa postérité : celle-ci t'écrasera la tête, et tu lui briseras le talon. "Et voilà la postérité de David l'a écrasé la tête à Golgotha" Le lion de la tribu de Juda": Apocalypse 5:5 "Et l'un des vieillards me dit : ne pleure point, voici, le lion de la tribu de Juda, le rejeton de David, a vaincu pour ouvrir le livre et ses sept sceaux". Et après cette victoire, les Saintes écritures affirment qu'il a reçu le nom au-dessus de tous les noms et tout pouvoir lui a été donné sur la terre comme au ciel. Tout genou fléchira quand on parlera de lui, l'agneau de Dieu qui ôte le péché du monde.

Chères voisines et voisins qui croient au mensonge et tromperie du prince vaincu de ce monde. Repentez-vous, n'acceptez plus ses séductions, ses pratiques et ses œuvres de ténèbres, prenez comme nous les rachetés l'option de suivre l'unique chemin qu'est le lion de la tribu de Juda, d'être né de nouveau, conduit par L'Esprit de Dieu vers l'éternité avec Dieu. Sortez de la distraction, mensonge et tromperie du serpent ancien à travers ses multiples esclaves qu'il a placé partout dans votre vie au quotidien. Soyez transformé dans votre cœur, âme et esprit pour suivre le Roi des rois et Seigneur des seigneurs.

Que celui qui a des oreilles entende ce que L'Esprit dit aux Eglises.

LA PÂQUE : C'EST POUR DÉTRUIRE LES ŒUVRES DE SATAN ET ÔTER LE PÉCHÉ QUE LE FILS DE L'HOMME S'EST MANIFESTE

A ma sœur et frère racheté, la Sainte Bible confirme que lorsque le Fils de Dieu est mort sur la croix et ressuscité, notre ennemi Satan a été définitivement vaincu. Un temps de liberté lui est accordé, mais sa puissance contre le peuple de Dieu est brisée et sa ruine est certaine, il n'a plus la puissance de la mort comme notre Seigneur était ressuscité de mort :

1Jean 3:5 "Or, vous le savez, Jésus a paru pour ôter les péchés, et il n'y a point en lui de péché" et il ajoute : 1Jean 3:8 "Celui qui pratique le péché est du diable, car le diable péche dès le commencement. Le fils de Dieu a paru afin de détruire les œuvres du diable“. L'apôtre Paul écrit aux Colossiens 2: 14 -15 "Il a effacé l'acte dont les ordonnances nous condamnaient et qui subsistait contre nous, et il l'a éliminé en le clouant à la croix, il a dépouillé les dominations et les autorités, et les a livrés publiquement en spectacle, en triomphant d'elles par la croix". Ainsi ses rachetés marchent dans cette victoire.

Chères voisines et voisins, le menteur et trompeur Satan qui vous maintient dans ses œuvres de ténèbres (l'occultisme, la magie, la sorcellerie, l'amour de l'argent, l'immoralité sexuelle, la convoitise charnelle et autres péchés) que vous ne voulez pas abandonner son sort a été scellé sur la croix, le Fils de Dieu lui a infligé un coup décisif au calvaire comme vient de le souligner l'apôtre Paul aux Colossiens 2: 15, et un jour quand le temps de sa liberté limitée sera terminée, il sera jeté dans l'étang de feu : Apocalypse 20:10 "Et le Diable qui les séduisait, fut jeté dans l'étang de feu et de souffre, où sont la bête et le faux prophète. Ils seront tourmentés jour et nuit, aux siècles des siècles".

Quel malheur de le suivre dans ces œuvres ? Chères voisines et voisins repentez-vous avant qu'il ne soit trop tard et vous serez baptisé par L'Esprit de Dieu qui vous conduira désormais vers le bonheur éternel réservé aux seuls rachetés. C'est vraiment inutile qu'on vous rencontre l'histoire de la mort du

Christ sur la croix pendant une semaine et fêter matériellement avec pompe "la pâque" pendant que vous êtes toujours esclave de Satan réalisant ses œuvres des ténèbres.
Que celui qui a des oreilles entende ce que L'Esprit dit aux Eglises

PAS DE VIN, SOYEZ AU CONTRAIRE REMPLIS DE L'ESPRIT DE DIEU

A ma sœur et frère racheté, ne vous enivrez pas de vin que la Sainte Bible considère comme de la "débauche" au même titre que l'immoralité sexuelle. Le vin détruit votre corps qu'est le temple du Dieu vivant : Ephésiens 5 : 16-18 "rachetez le temps, car les jours sont mauvais. C'est pourquoi ne soyez pas inconsidérés, mais comprenez qu'elle est la volonté du Seigneur. Ne vous enivrez pas de vin : c'est de la débauche. Soyez au contraire, remplis de l'Esprit". L'apôtre Paul demande aux Ephésiens de ne pas prendre le vin qui est le symbole de la débauche et l'impureté.
Ma sœur et frère racheté, nous devons rechercher le vin du Seigneur Christ Sauveur qui n'est pas terrestre. Il s'agit de vin de l'Esprit qui s'obtient dans la présence de Dieu : Psaumes 36: 9-10 "ils se rassasient de l'abondance de ta maison, et tu les abreuves au torrent de tes délices. Car auprès de toi est la source de la vie. Par ta lumière nous voyons la lumière".
Laissez les voisines et voisins adeptes de la fausse religion "Babylone la grande, la mère des prostituées" ainsi que le système pervers de ce monde avec son industrie de vin de consommer la débauche, une distraction et une séduction de Satan. Sa fausse religion et son système pervers qui enivre ce monde par le vin, bientôt sera détruite : Apocalypse 14: 8 "un autre, un second ange suivit en disant : Elle est tombée, elle est tombée, Babylone la grande, qui a abreuvé toutes les nations du vin de la fureur de sa débauche" et toujours Apocalypse 17:

2 "C'est avec elle que les rois de la terre se sont livrés à la débauche, et c'est du vin de sa débauche que les habitants de la terre se sont enivrés".

Chères voisines et voisins adeptes de la fausseté, nous continuons à voir comment vos vitrines sont garnis en toutes sortes de vin de différents pays et de luxe en affirmant que vous la faite parce que Jésus avait transformé l'eau en vin. Nous vous souhaitons bonne destruction du temple de l'Esprit de Dieu. Mais sachez très bien que l'on récolte que ce que l'on a semé : Galates 6:7-8 "Ne vous y trompez pas : on ne moque pas de Dieu. Ce qu'un homme aura semé, il le moissonnera aussi. Celui qui sème pour sa chair moissonnera de la chair la corruption, mais celui qui sème pour L'Esprit moissonnera de l'Esprit la vie éternelle".

Vous avez le choix à faire entre le vin et L'Esprit de Dieu.

Que celui qui a des oreilles entende ce que L'Esprit dit aux Eglises.

SI QUELQU'UN DÉTRUIT LE TEMPLE DE DIEU, DIEU LE DETRUIRA

A ma sœur et frère racheté, quiconque livre son corps aux relations sexuelles hors du mariage commet l'immoralité sexuelle, la débauche, l'impureté, se méconduit, détruit le temple de l'Esprit de Dieu en lui : 1Corinthiens 3 :16-17 "Ne savez-vous pas que vous êtes le temple de Dieu et que L'Esprit de Dieu habite en vous ? Si quelqu'un détruit le temple de Dieu, Dieu le détruira, car le temple de Dieu est sain, et ce que vous êtes". Dieu s'est construit sa propre maison et cette maison C'est vous et moi qui croyez en Jésus Christ Sauveur. Donc vous et moi êtes membre du Christ Sauveur, pour ce faire nous n'avons pas le droit d'utiliser notre corps pour notre propre plaisir. Car l'apôtre Paul affirme que Dieu n'habite point dans les cathédrales et maisons faits de mains d'hommes mais habite en vous et moi : Actes 17:24 "le Dieu qui a fait le monde et tout ce qui s'y trouve, étant le Seigneur du ciel et de la terre, n'habite point dans les temples faits de mains d'hommes."

C'est un devoir pour chaque racheté que de garder son corps pur. Laisse-s'il vous plaît aux voisines et voisins au service de leurs maître Satan faire de leurs corps une industrie de sexe pour s'enrichir, d'autres se font professionnelles de sexe, d'autres sont tenancier (res) des maisons d'exploitation sexuelle, d'autres organisent des femmes à vendre sur catalogue, produisent les films pornographiques à travers le monde, font le tourisme sexuel et bien d'autres activités lucratives générées par la prostitution et l'exploitation sexuelle.

Chères voisines et voisins, peuple rebelle, vous gagnez l'argent et la richesse éphémère mais vous serez toutes et tous détruits par Dieu le jour du jugement dernier.

Que celui qui a des oreilles entende ce que L'Esprit dit aux Eglises.

NE SAVEZ-VOUS PAS QUE VOTRE CORPS EST LE TEMPLE DE DIEU ?

A ma sœur et frère racheté, comme vous le savez votre corps est un membre du Christ Sauveur à ne pas offrir à l'immoralité sexuelle.

Allez- vous prendre un corps du Christ Sauveur pour en faire un homme et une femme de débauche, de méconduite, de prostitution et d'impudicité ? Non car quand vous avez des rapports sexuels avec les immoraux sexuelles en dehors du mariage vous faite un seul corps avec la personne. La Sainte Bible déclare que "tous deux ne feront plus qu'un“. Donc cela prouve que la débauche est un péché contre le corps lui-même qui est le temple de l'Esprit de Dieu pour vous et moi rachetés, unis à Christ Sauveur qui a payé le prix de notre rachat.

Donc rendez gloire à Dieu dans votre corps. Le temple de Dieu est sacré et "le temple c'est vous et moi" réjouissons- nous ma sœur et frère racheté.

Laissez les rapports sexuels en dehors du mariage aux immoraux sexuelles qui ne connaissent pas Christ Sauveur, des esclaves de Satan envoûtés par les démons de leurs "maître" qu'elles/ils servent dans l'occultisme, la magie, la sorcellerie, le satanisme, les fausses religions, les sectes et autres pratiques de ténèbres.
Leur salaire est connu, la mort éternelle dans l'abîme avec celui qui les avaient menti et trompé " Satan" le prince de ce monde.
Que celui qui a des oreilles entende ce que L'Esprit dit.

FUYEZ LA FORNICATION : IMMORALITÉ SEXUELLE

A ma sœur et frère racheté, Satan utilise le sexe pour détruire et éloigner loin de Dieu plusieurs. La fornication désigne toutes les relations sexuelles en dehors du mariage. C'est la traduction du mot grec "Porneia" dénommé "impudicité ou inconduite" : Hébreux 13:4 "Que le mariage soit honoré de tous, et le lit conjugal exempt de souillure, car Dieu jugera les débauchés et les adultères".
Dieu honore profondément le mariage qu'il a institué lors de la création : Genèse 2: 14 "C'est pourquoi l'homme quittera son père et sa mère, et s'attachera à sa femme, et ils deviendront une seule chair". Ce commandement de Dieu ne doit souffrir d'aucune défaillance, c'est à dire toute activité sexuelle en dehors du mariage d'un homme et d'une femme vous place sous le jugement de Dieu qui inflige des graves conséquences à l'immoralité sexuelle telle ça se pratique dans le monde ce dernier temps :
1 Corinthiens 7: 2 "Toutefois pour éviter la débauche, que chacun ait sa femme et que chaque femme ait son mari" Ephésiens 5:3-5 "Que la débauche, ni aucune impureté, ni la cupidité, ne soient pas même nommées parmi vous, ainsi qu'il convient à des saints. Qu'on n'entende ni paroles grossières, ni propos insensés, ou équivoques, choses qui sont contraire à la bienséance, qu'on entende plutôt des actions de grâces. Car sachez le bien, aucun débauché, ou

impur, ou cupide, c'est à dire idolâtre n'a d'héritage dans le royaume de Christ et de Dieu".

Chères voisines et voisins les immoraux sexuelles n'ont pas de place dans le royaume de Christ et de Dieu. Repentez-vous avant qu'il ne soit trop tard.

Que celui qui a des oreilles entende ce que L'Esprit dit aux Eglises.

LE BAPTÊME DE L'ESPRIT DE DIEU ET DE FEU

A ma sœur et frère racheté,

Dans l'Ancienne Alliance, les serviteurs étaient oints de l'Esprit de Dieu pour accomplir leurs fonctions (les juges, les prophètes, les sacrificateurs, les rois). Mais il ne s'agit pas du baptême de l'Esprit de Dieu/de feu que reçoivent les rachetés/ élus/ l'Eglise de la nouvelle alliance que nous sommes.

Le baptême de l'Esprit est uniquement une promesse pour les disciples de Christ: Actes 2:39 "Car la promesse est pour vous, pour vos enfants, et pour tous ceux qui sont au loin, en aussi grand nombre que le Seigneur notre Dieu les appellera".

Chères voisines et voisins L'Esprit de Dieu est pour les rachetés qui écoutent la parole et se repentent.

Être baptisé de l'Esprit de Dieu c'est être inondé, être plongé, être immergé dans L'Esprit de Dieu après la nouvelle naissance obtenue après la repentance sincère. Ainsi donc, c'est Jésus Christ Sauveur lui-même qui nous baptise de l'Esprit de Dieu et de feu : Mathieu 3:11 "Moi je vous baptise d'eau, pour vous amener à la repentance, mais celui qui vient après moi est plus puissant que moi, et je ne suis pas digne de porter ses souliers. Lui, il vous baptisera du Saint Esprit et de feu".

Aucun homme n'a reçu le pouvoir de baptiser les hommes et femmes de l'Esprit de Dieu. Lors de l'imposition des mains c'est uniquement Jésus Christ Sauveur qui envoie son Esprit (Actes 8:17 et 19: 6). Ce baptême donne aux rachetés le "zèle de l'évangile (Jean 2: 17), le feu particulier qui nous anime pour Dieu et qui nous donne l'amour dévorant pour les choses de Dieu surtout pour annoncer l'évangile. Car le Seigneur nous a confié la principale mission d'aller et annoncer la bonne nouvelle de son royaume. Donc si vous croyez en une autre divinité, vous adorez les idoles et demeurez dans l'occultisme et autres voies des ténèbres soyez assuré que vous n'êtes pas du Dieu vivant qui donne son Esprit à celui qui croît en Jésus Christ Sauveur.

Le baptême de l'Esprit signifie également les épreuves que doivent subir chaque racheté qui doit grandir en Christ Sauveur et parvenir à la perfection pour le jour de l'enlèvement (1 Pierre 1: 7).

Ce baptême est essentiel car Jésus Christ Sauveur lui-même après le baptême par l'eau fut conduit par L'Esprit dans le désert pendant 40 jours où il fut éprouvé et sortit vainqueur face à Satan comme il été immergé dans L'Esprit de Dieu (Luc 4: 1-2. Chères voisines et voisins êtes-vous dans le si grand nombre que le Seigneur a appelé pour avoir son Esprit et entrer dans son royaume ? Si non repentez-vous.

Que celui qui a des oreilles entende ce que L'Esprit dit aux Eglises.

UN ESPRIT DE FORCE EN NOUS

A ma sœur et frère racheté, attention, attention, attention, l'esprit de Satan est à l'œuvre avec beaucoup de distractions, mensonge et tromperie des infiltrés dans l'Eglise du Christ. Tandis que nous, les rachetés Dieu nous a baptisé par le feu C'est à dire L'Esprit de force que ces gens du monde ne peuvent pas connaître. Car avant de recevoir l'Esprit de Dieu, l'apôtre Pierre se cachait ne voulant pas être "démasqué" comme disciple de Christ Sauveur et jura devant une servante qu'il ne connaît pas notre maître Sauveur. Mais après avoir reçu l'Esprit de Dieu lors de la Pentecôte, il affronta énergiquement et courageusement les juifs et les autorités religieuses qui ont vendu Christ Sauveur. Plutard, les apôtres ont eu des menaces s'ils continuent à parler au nom du Christ Sauveur. Mais Pierre et Jean leurs répondirent : Actes 4: 19- 20 "Pierre et Jean leur répondirent : Jugez s'il est juste devant Dieu, de vous obéir plutôt qu'à Dieu. Car nous ne pouvons pas ne pas parler de ce que nous avons vu et entendu".

Ma sœur et frère racheté, à partir du moment où Jésus-Christ Sauveur vit en vous par son Esprit, vous n'êtes plus limité par votre nature, le monde et Satan. Le monde va constater la différence de votre comportement plein d'assurance et de courage, la peur vous quittera parce que vous avez reçu "une puissance“, L'Esprit de Dieu en vous. Pour les apôtres lorsque les chefs religieux les menaçaient et les jetaient en prison leurs détermination ne faiblisait pas : Actes 4:18 : Et les ayant appelés, Ils leur défendirent absolument de parler et d'enseigner au nom de Jésus“.

Chères voisines et voisins quittez ces fausses religions, l'occultisme, la magie, la sorcellerie, les plaisirs charnels, la cupidité/l'amour de l'argent qui fait souffrir vos pauvres concitoyens et bien d'autres péché et iniquité car Christ Sauveur revient bientôt. Sans une nouvelle naissance en vous, c'est à dire se repentir et obtenir du Seigneur des seigneurs le baptême de l'Esprit de Dieu vous mourrez en dehors de Dieu et cela pour l'éternité.

Que celui qui a des oreilles entende ce que L'Esprit dit aux Eglises.

L'ESPRIT DE DIEU EST NOTRE DIVIN GUIDE

A ma sœur et frère racheté,"Dieu est Esprit" quiconque prétend l'adorer doit avoir son " Esprit en lui. Sans ce guide divin en vous, vous êtes mort en dehors de Dieu : Jean 16 : 13 "Quand le consolateur sera venu, L'Esprit de vérité, il vous conduira dans toute la vérité : car il ne parlera pas de lui-même, mais il dira tout ce qu'il aura entendu, et il vous annoncera les choses à venir".

Chères voisines et voisins L'Esprit de Dieu est le divin guide, non seulement pour montrer aux élus/rachetés le chemin qu'est Jésus Christ Sauveur, mais surtout marcher avec chaque élu/racheté dans le royaume de Dieu. C'est L'Esprit de Dieu qui influence le comportement de chaque élu/ racheté à mener une vie sans péché. Celle et celui qui persévère dans le péché/ l'iniquité n'a pas L'Esprit de Dieu en elle et en lui.

Ma sœur et frère racheté, le départ de Jésus Christ Sauveur était nécessaire pour permettre la venue de L'Esprit de Dieu "le divin consolateur" Car la nature humaine de Jésus Christ Sauveur l'empêchait à être partout à la fois pour guider son peuple racheté par son sang. C'est pourquoi, il a envoyé l'Esprit de Dieu qui est partout au même moment où deux ou trois sont assemblés au nom de Jésus Christ Sauveur. C'est L'Esprit de Dieu qui enseigne aux élus/rachetés toute la vérité et ne cache rien qui puisse être utile/avantageux aux siens et aux siennes. Il leur révèle le futur, tous les dons, la grâce, toutes les prédications et les écritures de la parole de Dieu mais également influence chaque pas de leur marche

Il incombe à chaque personne de se demander si L'Esprit de Dieu a commencé une " bonne œuvre" dans son cœur car il reste notre divin guide pour nous montrer le chemin mais aussi pour marcher avec nous dans le royaume de Dieu.

Que celui qui a des oreilles entende ce que L'Esprit dit aux Eglises

DÉSORMAIS MARCHEZ SELON L'ESPRIT DE DIEU

A ma sœur et frère racheté, vous le savez bien que toutes et tous les rachetés que nous sommes jouissants de la présence de l'Esprit de notre Père en nous ce qui marque la différence entre nous et les soient disant chrétiens et chrétiennes.

La chair s'oppose à l'œuvre de l'Esprit et pousse à adopter un comportement pécheur. C'est pourquoi l'apôtre Paul nous exhorte à marcher par l'Esprit et nous n'accomplirons plus la convoitise de nos corps : Galates 5: 16 - 17 "Je dis donc : marchez selon L'Esprit et vous n'accomplirez pas les désirs de la chair. Car la chair a des désirs contraires à ceux de l'Esprit, et L'Esprit en a de contraires à ceux de la chair, ils sont opposés entre eux, afin que vous ne fassiez point ce que vous voudriez".

Les soient disant chrétiens et chrétiennes font ce qu'ils veulent en persistant dans le mensonge et tromperie de Satan mais les rachetés se détournent complètement de l'occultisme, la magie, la sorcellerie, la cupidité et tous ses conséquences dans le monde actuel, ainsi que tout autre plaisir de la chair éphémère pour fixer les yeux sur Christ Sauveur.

Ma sœur et frère racheté, nous devons avoir le désir d'entendre la Parole de Christ, la volonté d'y obéir ainsi que la capacité de distinguer entre nos propres sentiments et les incitations de l'Esprit en nous.

Car le corps est faible et nous conduit vers la désobéissance envers notre Dieu Sauveur. Malheureusement plusieurs voisines et voisins vivent selon la chair pour faire plaisir à leurs religions ne souhaitent pas changer, ni se repentir de leur péché : Galates 5:19-21 "Or les œuvres de la chair sont évidentes : ce sont les débauches, l'impureté, le dérèglement, l'idolâtrie, la magie, les rivalités, les querelles les jalousies, les animosités, les disputes, les divisions, les sectes, l'envie, l'ivrognerie, les excès de table, et les choses semblables. Je vous dis d'avance, comme je l'ai déjà dit, que ceux qui commettent de telles choses n'hésiteront point le royaume de Dieu".

Que celui qui a des oreilles entende ce que L'Esprit dit aux Eglises.

LA MARCHE PAR L'ESPRIT DE DIEU DANS LE ROYAUME DE DIEU

A ma sœur et frère racheté, fils et fille du royaume de mon Père.

Le premier élément et première étape qui vous permet de marcher selon L'Esprit de Dieu, C'est d'abord "la nouvelle naissance “. Pourquoi la nouvelle naissance? Parce-que C'est à travers elle que nous subissons une régénération (une transformation) du niveau de notre esprit passant par l'acceptation où la croyance en Jésus Christ Sauveur qui est la lumière : Jean 1:12- 13 "Elle est venue chez les siens et les siens ne l'ont point reçue. Mais à tous ceux qui l'ont reçu, à ceux qui croient en son nom. Elle a donné le pouvoir de devenir enfants de Dieu".

Cette transformation en vous a pour conséquence un détachement de l'ancienne vie de péché et une introduction dans une nouvelle vie que son fils est venu donner : 2 Corinthiens 5: 17 "Si quelqu'un est en Christ, il est une nouvelle créature. Les choses anciennes sont passées, voici, toutes choses sont devenues nouvelles".

Deuxième étape, c'est rester quotidiennement obéissant à L'Esprit de Dieu qui habite en vous. La plus grande tâche de l'Esprit de Dieu est de nous rappeler la parole de Dieu.

Vivre selon l'Esprit de Dieu c'est se laisser transformer par l'Évangile : Luc 11: 28 "Et il répondit : Heureux plutôt ceux qui écoutent la Parole de Dieu et qui la garde".

Troisième étape, manifester le fruit de l'Esprit dans votre vie : l'amour de Dieu, la joie, la paix, la patience, la bonté, la bénignité, la fidélité, la douceur et la tempérance (Galates 5: 2-23)

En dernier lieu, marcher selon L'Esprit de Dieu revient à laisser la Parole de Christ demeurer en nous dans toute sa richesse. C'est à dire avoir le dépôt de la Parole de Dieu en vous en se laissant transformer par l'Évangile : 1 Colossiens 3: 16 "Que la Parole de Christ demeure en vous dans toute sa richesse, instruisez-vous et exhortez-vous les uns les autres en toute sagesse, par des cantiques spirituels, chantant à Dieu dans vos cœurs en vertu de sa grâce."

Marchez-vous par L'Esprit de Dieu ou par vous même selon le désir de votre corps ?

Que celui qui a des oreilles entende ce que L'Esprit dit aux Eglises.

VOUS AVEZ LA VIE ÉTERNELLE QUI CROYEZ AU NOM DU FILS DE DIEU

A ma sœur et frère racheté, savez-vous, si vous avez la vie éternelle et c'est quoi la vie éternelle ?
L'apôtre Jean donne la réponse : 1 Jean 5 : 11-12 "Or, voici ce témoignage : Dieu nous a donné la vie éternelle, et cette vie est dans son Fils. Celui qui a le Fils à la vie, celui qui n'a pas le Fils de Dieu n'a pas la vie". La vie éternelle est l'expression qui nous renvoi moins à une période de temps qu'à une personne "Jésus Christ Sauveur".
Avoir la vie éternelle c'est jouir d'une relation avec Jésus Christ Sauveur et participer à sa nature, une vie intrinsèquement liée à la personne de Jésus Christ Sauveur : Jean 17: 3 "Or la vie éternelle, c'est qu'ils te connaissent toi, le seul vrai Dieu et celui que tu as envoyé" voilà là où Satan a menti et trompé plusieurs pour se faire eux-mêmes envoyés de Dieu :

1. GAUTAMA SIDDARHA dit Bouddha,
2. BRAHMA le dieu créateur de l'hindouisme,
3. ALLAH, mot arabe qui désigne dieu chez toutes les personnes qui font profession du mahométisme,
4. SIMON KIMBANGU, ses fils et ses petits-fils dans mon pays la RDC,
5 Autres faux prophètes fondateurs de leurs sectes et fausses religions.

Chères voisines et voisins ne croyez en aucun autre nom en dehors du fils de Dieu.
Comment alors être certain que vous avez la vie éternelle ?
D'abord, confesser vos péchés à notre Dieu Saint, puis accepter que Dieu vous a donné un sauveur comme l'apôtre Paul l'affirme aux Romains 10: 13 "En effet, toute personne qui fera appel au nom du Seigneur sera sauvée", croyez uniquement à la Sainte Bible en mettant votre foi en Christ Sauveur et recevez

le baptême de l'Esprit de Dieu qui fait que Dieu puisse venir habiter en vous . C'est ça le royaume de Dieu et la vie éternelle.
En croyant aux individus et leurs systèmes vous optez pour la mort.
Que celui qui a des oreilles entende ce que L'Esprit dit aux Eglises.

CHERCHER PREMIÈREMENT LE ROYAUME DE DIEU ET SA JUSTICE

A ma sœur et frère racheté, les religions au service de Satan ont développé les activités créatrices d'emploi au point de retenir plusieurs loin de Jésus Christ Sauveur en aimant premièrement la religion. Chères voisines et voisins la Sainte Bible déclare que l'homme et la femme ont le devoir de chercher le royaume de Dieu et sa justice. Mathieu 6:33 : Cherchez premièrement le royaume et la justice de Dieu, et toutes ces choses vous seront données par-dessus".
Les gens du monde et les Nations cherchent prioritairement " toutes les choses nécessaires à la vie "tandis que les rachetés du Roi des rois sont invités à chercher premièrement Jésus Christ Sauveur et sa justice et alors toutes ces choses leurs seront accordées par la grâce divine. Le psalmiste en avait fait l'expérience : Psaumes 34: 10 " Craignez l'Éternel, vous ses saints car rien ne manque à ceux qui le craignent".
Ma sœur et frère racheté, notre cœur naturel nous pousse à accomplir en premier lieu tout ce qui est conforme à nos intérêts et à nos désirs. C'est ainsi qu'un discipline avait dit à notre Seigneur "Seigneur permet moi de m'en aller premièrement et d'ensevelir mon père (Mathieu 8:21) et aussi un autre demanda d'aller prendre congé de ceux qui étaient dans sa maison (Luc 9: 61). Mais au premier et au second, le Seigneur dit : "suis- moi" Jésus Christ Sauveur, seul a sur nos cœurs des droits absolus et C'est lui qui doit passer "premièrement" c'est pourquoi il ajoute : Celui qui aime père ou mère plus que moi n'est pas digne de

moi et Celui qui aime fils ou fille plus que moi n'est pas digne de moi (Matthieu 10: 37)

Chères voisines et voisins, Jésus Christ Sauveur doit tenir la première place dans votre vie à la quotidienne et non autre chose éphémère de ce monde où autres avantages que vous retirez de vos religions, occultisme, magie, sorcellerie, satanisme et autres pièges de Satan pour satisfaire vos besoins du corps. Le Dieu Sauveur est la tête de L'Eglise, le premier dans votre vie, c'est lui le royaume de Dieu : Colossiens 1 : 17-18 "Il est avant toutes choses, et toutes choses subsistent en lui. Il est la tête du corps de L'Eglise, il est le commencement, le premier né d'entre les morts, afin d'être en tout le premier".

Cherchez-vous Christ Dieu Sauveur en premier lieu ou autre chose ? Car c'est lui le royaume de Dieu.

Que celui qui a des oreilles entende ce que L'Esprit dit aux Eglises.

LE ROYAUME DE DIEU : UNIQUE CHEMIN ET UNIQUE PORTE

A ma sœur et frère racheté, nous l'avons dit et affirmons que le chemin et la porte qui vous mène dans le royaume de Dieu est Christ Dieu Sauveur : Marc 1: 14 "Après que Jean eut été livré, Jésus alla dans la Galilée, prêchant l'Évangile de Dieu. Il disait : Le temps est accompli, et le royaume de Dieu est proche, repentez-vous, et croyez à la bonne nouvelle".

Chères voisines et voisins quiconque ne prêche pas l'Évangile qui conduit à la repentance et ne croit à la bonne nouvelle (la Sainte Bible) est du royaume de Satan.

Le royaume de Dieu c'est la sphère où Dieu gouverne, le domaine où s'exerce le pouvoir de Dieu. On ne peut y entrer que par " la nouvelle naissance", L'Esprit de Dieu agissant en vous selon que le Seigneur des seigneurs l'enseigne : Jean 3: 5 "Jésus répondit : En vérité, en vérité, je te le dis, si un homme ne naît d'eau et d'Esprit, il ne peut pas entrer dans le royaume de Dieu". La portée de ce royaume est avant tout morale et spirituelle. C'est pour cela que l'Apôtre Paul écrit : Romains 14: 17 "Car le royaume de Dieu, ce n'est pas le manger et le boire, mais la justice, la paix.et la joie, par le Saint- Esprit".

Avez-vous L'Esprit de Dieu qui vous conduit dans la justice, la paix et la joie d'être élu par Dieu le créateur ?

Tout (e)racheté (e) du sang de Jésus Christ appartient à ce royaume, il est enfant et sujet du royaume, en cela il doit obéissance et soumission à Dieu son Père. Voilà pourquoi C'est une porte resserrée. Plusieurs ont comme idole l'argent, d'autre le pouvoir, d'autres le vin, d'autres la magie, la sorcellerie, l'occultisme, le dérèglement sexuel, le bonheur éphémère sur la terre, d'autres encore adorent une statue et un individu comme eux qui les empêchent de voir ce chemin et porte du royaume de Dieu "qu'est Christ Dieu Sauveur".

Repentez-vous et Soyez remplit de l'Esprit de Dieu en menant une nouvelle vie en Jésus Christ et vous devenez fils et fille du royaume de Dieu.

Que celui qui a des oreilles entende ce que L'Esprit dit aux Eglises.

LES DEUX CHEMINS : FAITES UN BON CHOIX POUR L'ÉTERNITÉ

A ma sœur et frère racheté, la Sainte Bible qu'est la Parole de Dieu nous parle de deux chemins et deux portes qui existent devant chacune et chacun pour son âme créée à l'image de Dieu. L'un spacieux mène au jugement terrible de Dieu et l'autre donne l'accès au pardon, à la paix de Dieu et à la vie éternelle.

Jésus Christ nous conseille toutes et tous à entrer par la Porte étroite : Mathieu 7:13- 14 "Entrez par la porte étroite. Car large est la porte, spacieux et le chemin qui mène à la perdition, et il y en a beaucoup qui entrent par là. Mais étroite est la porte, resserré le chemin qui mène à la vie, et il y en a peu qui les trouvent". Chères voisines et voisins la porte spacieuse est celle par où entre les chefs religieux qui se font adorer avec leurs doctrines des démons, les dirigeants politiques de ce monde pour sauvegarder leurs intérêts, les hommes d'affaires, les célébrités du monde de la musique, du cinéma, des sports et autres pour un bonheur éphémère sur la terre. Ce sont les philosophies, les sectes et grandes religions qui nient Christ tout en maintenant les gens dans l'occultisme, la sorcellerie, le satanisme, toute sorte des magies y compris celle des rabbins juifs que plusieurs vont chercher en Israël (la Kabbale juive/mystique juive, sectes occultes, la cupidité de l'argent ou course effrénée vers la richesse, la sexualité incontrôlée, le divertissement, l'amour du matériel de ce monde en attirant les gens vers eux-mêmes et leur maître Satan en lieu et place de Dieu Sauveur.

Ce chemin mène à la perdition, un lieu où la fumée de leur tourment monte aux siècles des siècles, et ils n'auront de repos ni jour ni nuit (Apocalypse 14: 10 - 11).

La porte étroite est l'aboutissement du chemin de la foi que les rachetés ont choisis, une porte resserrée et précise, qui passe à travers "Christ Seul", le vrai salut qui exige d'écouter la parole de Christ, se repentir de ses péchés et Christ Sauveur vient habiter en vous et commence à diriger votre vie jusqu'à son retour qui s'annonce imminent, le jour de l'enlèvement des rachetés.

C'est cela la "nouvelle naissance, d'une personne transformée en Christ qui passe par le baptême de l'Esprit de Dieu“, une âme qui ressemble à Christ Sauveur.

Que celui qui a des oreilles entende ce que L'Esprit dit aux Eglises.

LE ROI DES ROIS EXIGE UN GRAND DÉBALLAGE : UNE SECTE APOSTATE DE WILLIAM MARION BRANHAM

A ma sœur et frère racheté, vous avez le devoir de dire la vérité au monde sans crainte comme nous le demande notre maître Christ Dieu Sauveur : Matthieu 10: 26- 28 "Ne les craignez donc point : car il n'y a rien de caché qui ne doive être découvert, ni de secret qui ne doive être connu. Ce que je vous dis dans les ténèbres, dites-le en plein jour, et ce qui vous est dit à l'oreille, prêchez-le sur les toits. Ne craignez pas ceux qui tuent le corps et qui ne peuvent tuer l'âme, craignez plutôt celui qui peut faire périr l'âme et le corps dans la géhenne".

Chères voisines et voisins, William Marion BRANHAM, dans sa brochure intitulée : "La profondeur de la profondeur" de juillet 1954, page 7, paragraphe 4, BRANHAM dit qu'il est "né hors du péché" ce qui lui faisait égal à Christ Dieu Sauveur. Ses adeptes l'ont élevé au rang de "dieu" comme Rome avec sa statue de la déesse Marie.

La Sainte Bible dit clairement que tous ont péché après Adam et que le Fils de l'homme Jésus Christ a été conçu sans péché, et né hors du péché. Mais Dieu l'a fait devenir péché sur la croix pour nous, afin que nous devenions en lui justice de Dieu" voilà pourquoi le roi David dit : Psaumes 51: 7 -8 "Voici je suis né dans l'iniquité et ma mère m'a conçu dans le péché. Mais tu veux que la vérité soit au fond du cœur. Fais donc pénétrer la sagesse au- dedans de moi".

D'où tire-t-il sa divinité ce Ministre du prince de ce monde, Branham William Marion ?

Que celui qui a des oreilles entende ce que L'Esprit dit aux Eglises.

MÊME LES DÉMONS SAVENT DÉMASQUER LES FAUX/L'IVRAIE INFILTRÉS DANS L'ÉGLISE DU CHRIST

A ma sœur et frère racheté, tous les faux/l'ivraie dans L'Eglise du Christ au service de Satan sont connus également par les démons/ anges déchus de leur maître. La Sainte Bible parle des exorcistes C'est à dire les occultistes, magiciens, sorciers, marabouts et autres menteurs et trompeurs ont été démasqués par le démon quand l'apôtre Paul implantait l'Eglise du Christ sur la terre : Actes 19: 13-17 "Quelques exorcistes juifs ambulants essayèrent d'invoquer sur ceux qui avaient des esprits malins le nom du Seigneur Jésus en disant : je vous conjure par Jésus que Paul prêche ! Ceux qui faisaient cela étaient sept fils de Sceva, juif l'un des principaux sacrificateurs. L'esprit malin leur répondit : je connais Jésus, et je sais qui est Paul, mais vous, qui êtes- vous? Et l'homme dans lequel était l'esprit malin s'élança sur eux, se rendit maître de deux d'entre eux, et les maltraitant de telle sorte qu'ils s'enfuirent de cette maison nue et blessés".

Chères voisines et voisins, le démon reconnut que les exorcistes/les faux n'avaient aucune autorité sur lui contrairement à Jésus et à Paul et rejeta leur tentative de le chasser de sa victime.

Ma sœur et frère racheté, le Seigneur nous a donné le pouvoir de chasser les démons et de marcher sur toute puissance des ténèbres.

Réjouissons-nous de cette grâce.

Que celui qui a des oreilles entende ce que L'Esprit dit aux Eglises.

DÉTROMPEZ VOUS DIEU SAUVEUR CONNAÎT TOUS LES FAUX/ L'IVRAIE INFILTRÉS DANS SON ÉGLISE

A ma sœur et frère racheté, inutile de remplir les églises et sectes apostâtes car le Dieu Sauveur connait ses vrais rachetés au quotidien. La présence des enfants de diable dans l'église du Christ a été révélée dans l'Ancien Testament à Malachie : 3: 16-17 "Alors ceux qui craignent l'Éternel parlèrent l'un à l'autre, l'Éternel fut attentif, et il écouta, Et un livre de souvenir fut écrit devant lui pour ceux qui craignent l'Éternel et qui honorent son nom. Ils seront à moi, dit l'Éternel des armées, ils m'appartiendront, au jour que je prépare, j'aurai compassion d'eux, comme un homme a compassion de son fils qui le sert".

Chères voisines et voisins membres de votre secte et religion apostâtes, Malachie a vu un livre de vie, sur lequel est inscrit le nom et le comportement de chaque vrai racheté(e) qui s'est repentit sincèrement et conduit par L'Esprit de Dieu. Ce livre n'est pas tenu par vos menteurs et trompeurs chefs spirituels sauveurs des noirs, vos prêtres, évêques, Imams/ cheiks, prophètes, apôtres et autres esclaves de Satan qui cachent la parole de Dieu qui sauve.

Malachie précise clairement que la différence entre les enfants de Dieu et les enfants du diable éclatera le jour aux yeux de tous, lorsque le Roi des rois et Seigneur des Seigneurs, notre maître régnera avec les siens connus depuis le trône de David à Jérusalem et non dans un village de la RDC mon pays.

A ma sœur et frère racheté, vous et moi suivons le conseil du prophète Essaie : 55: 6-7 "Cherchez l'Éternel pendant qu'il se trouve, invoquez- le, tandis qu'il est près, Que le méchant abandonne sa voie, et l'homme d'iniquité ses pensées, qu'il retourne à Dieu, qui aura pitié de lui, A notre Dieu, qui ne se lasse pas de pardonner". Donc sortez de l'occultisme, magie, sorcellerie, l'amour de l'argent, l'impudicité et autres plaisirs de ce monde car Dieu ne se lasse pas de pardonner.

Que celui qui a des oreilles entende ce que L'Esprit dit aux Eglises.

LES SECTES ET RELIGIONS APOSTATES

A ma sœur et frère racheté, vous et moi sommes la sentinelle de Dieu en ce temps de dernière heure. Nous avons le devoir de propager le message de Jude qui était le demi-frère de Jésus Christ et responsable de l'Eglise primitive dans son message du Nouveau Testament sur l'apostasie : Jude 1:3-4: "Car il s'est glissé parmi vous certains hommes dont la condamnation est écrite depuis longtemps, des impies, qui changent la grâce de notre Dieu en dérèglement, et qui renient notre seul maître et Seigneur Jésus Christ".

Ces sectes et religions sont connues :

Premièrement, la puissance colonisatrice d'Israël, ROME qui a la naissance du Christ a voulu le tuer et avait commis le premier génocide contre les enfants en envoyant par Hérode tuer tous les enfants de deux ans et au-dessus à Bethlehem et dans tout son territoire (Mathieu 2:16). A la fin de sa mission Rome donna de l'argent aux religieux pour le tuer et ipso facto instituer l'adoration de la statue d'une déesse.

Deuxième : Les arabes musulmans descendants d'Ismaël rejetés par Dieu au profit d'Isaac/Israël, fils de promesse en qui nous sommes héritier du royaume de David. Ipso facto, ils ont institué la doctrine religieuse "Dieu n'a pas besoin d'un fils".
Troisième : les envoyés spéciaux de Jésus Christ en RDC pour libérer les noirs et la première envoyée fut une femme du nom de KIMPAVITA, ensuite Simon Kimbangu avec une série des "Mfumu" C'est à dire "Seigneurs "chefs spirituels.
Quatrièment : La secte d'origine américaine Watch Tower/la tour de garde/ Témoins de Jéhovah. Les Congolais ne sachant pas prononcer Watch Tower disait "Kitawala" avant l'indépendance. Une secte interdite par le maréchal Mobutu au Zaïre.
Cinquiement : la nébuleuse des églises apostâtes en RDC, un internaute a avancé le chiffre extraordinaire de ces maisons appartenant à leurs visionnaires qui ne parlent jamais du péché et de la repentance. Ils font profession de connaître Dieu mais en réalité ces bishops, apôtres, prophètes et autres nient l'essence et la personne de Christ et enseignent les fables et les questions purement extérieures et non la réalité intérieure de l'âme qui doit vivre sans péché conduit par L'Esprit de Dieu. Des prédicateurs qui promettent les bénédictions de Dieu en dehors de son pardon. C'est ça l'apostasie que nous dénonçons, des faux/ l'ivraie qui ont pour but que de tirer profit des biens de leurs membres.
Que celui qui a des oreilles entende ce que L'Esprit dit aux Eglises.

L'APOSTASIE, OU L'ABANDON DE LA VRAIE FOI

A ma sœur et frère racheté,
Le mot "apostasie" apostasia en grec signifie "chuter ", faire défection, se retirer ou se détourner de Christ Dieu Sauveur. L'apôtre Paul avait prévenu les Hébreux 3:12 "Prenez garde, frère, que quelqu'un de vous n'ait un cœur mauvais

et incrédule, au point de se détourner du Dieu vivant". L'apostasie concerne deux aspects :

1: L'apostasie doctrinale : rejet des enseignements de Christ et des apôtres".

1 Timothée 4: 1 "Mais L'Esprit dit expressément que, dans les derniers temps, quelques-uns abandonneront la foi, pour s'attacher à des esprits séducteurs et à des doctrines des démons".

Chères voisines et voisins, une soi-disant confession religieuse dans laquelle le chef spirituel se fait adorer comme "dieu saint esprit" en train de construire sa propre nouvelle Jérusalem dans un village de mon pays la RDC où il y sauve le peuple noir n'a d'autre nom que "se détourner de Dieu vivant où l'antéchrist et l'apostasie" qui maintient plusieurs en dehors de Dieu vivant.

Ce peuple noir avait déjà été sauvé sur la croix de Golgotha par le sauveur de toute l'humanité. L'ironie du sort est que le pseudo-libérateur du noir a commencé à sauver d'autres couleurs. Quelle abomination ?

2. L'apostasie morale : c'est quand un racheté de Christ retombe dans le péché pour redevenir esclave de péché et de Satan : Essaie 29: 13 "Le Seigneur dit : Quand ce peuple s'approche de moi, il m'honore de la bouche et des lèvres, mais son cœur est éloigné de moi, Et la crainte qu'il a de moi n'est qu'un précepte de tradition humaine".

Sortez dans la tradition humaine de votre confession et repentez-vous sincèrement et le Seigneur Dieu viendra habiter en vous et commencer une nouvelle vie de racheté (e), d'élu (e), d'Eglise du Christ, l'épouse de Christ, fille/ fils de Dieu qui lui ressemble. C'est alors que vous serez enlevé à son retour qui s'annonce imminent.

Que celui qui a des oreilles entende ce que L'Esprit dit aux Eglises.

C'EST LA DERNIERE HEURE

A ma sœur et frère racheté, nous vivons la dernière heure selon la Sainte Bible : 1 Jean 2: 18- 19 "petits enfants c'est la dernière heure, et comme vous avez appris qu'un Antéchrist vient, il y a plusieurs antéchrists : par là nous connaissons que c'est la dernière heure. Ils sont sortis du milieu de nous mais ils n'étaient pas des nôtres car s'ils avaient été des nôtres, ils seraient demeurés avec nous, mais cela est arrivé afin qu'il soit manifeste que tous ne sont pas des nôtres."

Chères voisines et voisins vos confessions religieuses au service de Satan ne sont pas "Eglise du Christ" cause pour laquelle elles viennent de signer le Pacte pour réaliser le plan de leur maître, le prince de ce monde.

La dernière heure veut simplement dire "derniers temps" ou "derniers jours" C'est à dire la période qui sépare la première venue de Christ Dieu Sauveur et de son retour.

L'apôtre Jean dit clairement que ces fausses religions profèrent des mensonges diaboliques dans leurs doctrines, ce sont des Antéchrists travaillant pour l'avènement de "l'antéchrist" qui désigne le dirigeant mondial qui placé par l'influence directe de Satan, cherchera à remplacer le vrai Christ notre Dieu Sauveur et à s'opposer à lui. C'est pour cette raison que l'apôtre Paul prévient les rachetés que nous sommes : 2 Thessalonique 2: 3-4 "Que personne ne vous séduise d'aucune manière, car il faut que l'apostasie soit arrivée auparavant, et qu'on ait vu paraître l'homme impie, le fils de la perdition. L'adversaire qui s'élève au-dessus de tout ce qu'on appelle Dieu ou ce qu'on adore il va jusqu'à s'assoir dans le temple de Dieu, se proclamant lui- même Dieu". L'apostasie c'est effectivement la "grande mission" de vos soient disant confessions religieuses de cacher la parole de Dieu à plusieurs pour ne pas connaître la prédication de la croix qui repose sur "Christ Dieu Sauveur" En lieu et place elles vous font adorer une statue et des démons.

Que celui qui a des oreilles entende ce que L'Esprit dit aux Eglises.

IL PRÉTENDRA POUVOIR RÉGLER LES PROBLÈMES DU MONDE : L'ANTI-CHRIST

A ma sœur et frère racheté, réveillez-vous !

Le nom d'anti-christ est assimilé au mal dans la Sainte Bible. En ce temps des derniers jours à voir comment les choses sont en train d'être organiser, il s'avère que la majorité des gens sur la terre ne reconnaîtront pas la ruse de L'anti-christ comme ennemi de Christ Dieu Sauveur.

Car il sera quelqu'un de talentueux et ambitieux qui prétendra pouvoir régler les problèmes de paix et de sécurité du monde. Il annoncera qu'avec l'avancée technologique actuelle les humains peuvent faire de ce monde "un paradis" et cela par leurs propres forces "sans Dieu" le créateur. Alors le monde croira qu'avec la bête (L'antéchrist) qui réunit déjà les religions et les Nations comme "Guide" l'humanité pourra tout accomplir.

Lorsque cela aura lieu, Satan aura enfin ce qu'il a toujours voulu, il sera considéré comme étant égal à Dieu. Comme il aura le contrôle sur un monde qui n'a pas besoin de Dieu. Ma sœur et frère racheté nous sommes avertis soyons vigilants et éveillés face aux religions et esprits qui tolèrent le péché et ne rejetons pas le vrai évangile de Dieu qui nous permet de condamner et s'abstenir de tout péché ayant l'Esprit de Dieu en nous : Romains 7: 17-18 "Mais grâces soient rendues à Dieu de ce que, après avoir été esclaves du péché, vous avez obéi de cœur à la règle de doctrine dans laquelle vous avez été instruits. Ayant été affranchis du péché, vous êtes devenus esclaves de la justice".

Que celui qui a des oreilles entende ce que L'Esprit dit aux Eglises.

LES DEUX ANTE-CHRIST, LE CATHOLICISME ROMAIN ET L'ISLAM SIGNE LE PACTE DE LA RELIGION UNIQUE DE L'ANTI-CHRIST POUR LE GOUVERNEMENT MONDIAL : VIDÉO

A ma sœur et frère racheté, préparons nos lampes l'Epoux est à la porte. Nous ne vivrons pas ce gouvernement en préparation. Car nous serons enlevés dans les airs vers notre Dieu Sauveur.
Que celui qui a des oreilles entende ce que L'Esprit dit aux Eglises

LE POUVOIR DES TÉNÈBRES

A ma sœur et frère racheté,
Nos voisines et voisins qui rejettent Christ Dieu Sauveur et Seigneur offrent leurs âmes dans les chaînes de Satan et se mettent sous son pouvoir "pouvoir des ténèbres". Le Seigneur l'affirme a l'apôtre Paul à qui, il confie la mission d'ouvrir les yeux des rachetés et les faire sortir de ce pouvoir des ténèbres par la Parole de Dieu : Actes 26-18 "Afin que tu leur ouvres les yeux, pour qu'ils passent des ténèbres à la lumière et de la puissance de Satan à Dieu, pour qu'ils reçoivent, par la foi en moi, le pardon des péchés et l'héritage avec les sanctifiés".
Ma sœur et frère racheté, tous ces gens qui commettent le péché de manière habituel se font esclaves de Satan et la Sainte Bible les appellent "enfants du diable" : 1 Jean 3:8-10 "Celui qui pratique le péché est du diable, car le diable a péché dès le commencement. Le Fils de Dieu a paru afin de détruire les œuvres du diable. Quiconque est né de Dieu ne pratique pas le péché, parce que la semence de Dieu demeure en lui, et il ne peut pécher parce qu'il est né de Dieu. C'est par là que se font reconnaître les enfants de Dieu et les enfants du diable. Quiconque ne pratique pas la justice n'est pas de Dieu, ni Celui qui n'aime pas son frère". Les églises/paroisses sont pleines de deux catégories des gens, les enfants de Dieu et les enfants du diable.

Êtes-vous enfants de Dieu ou enfants du diable ? Un héritage attend les enfants de Dieu.
Que Celui qui a des oreilles entende ce que L'Esprit dit aux Eglises.

L'IDOLATRIE : MISE EN GARDE

A ma sœur et frère racheté, Satan et ses démons sont experts pour tromper les gens en ce temps des derniers jours. Ils utilisent des passions telles que l'amour de l'argent ou la cupidité comme idole qui rend l'homme et la femme esclave de Satan : Colossiens 3:5 "Faîtes donc mourir ce qui dans vos membres, est terrestre, la débauche, l'impureté, les passions, les mauvais désirs, et la cupidité, qui est une idolâtrie".
Les gens sont devenus très égoïstes devant l'argent au point de se servir soi-même et ne plus voir l'autre.
En outre, toutes les idoles de bois et de pierres. Toutes les images de dieux, Marie, et d'esprits, ne sont rien en elles-mêmes mais Satan et ses anges se cachent derrière elles et se font servir par des sacrifices, des offrandes par la crainte de la mort : 1 Corinthiens 10: 19-20 "Que dis-je donc ? Que la viande sacrifiée aux idoles est quelque chose, ou qu'une idole est quelque chose ? Nullement. Je dis que ce qu'on sacrifie, on le sacrifie à des démons et non à Dieu, or je ne veux pas que vous soyez en communion avec les démons".
Chères voisines et voisins qui croient que votre statue est Marie ou dieu, les démons se chargent de jouer le rôle de ce Marie ou dieu.
Donc, résistez au diable : Jacques 4: 7 "Soumettez- vous donc à Dieu, résistez au diable, et il fuira loin de vous".
Que celui qui a des oreilles entende ce que L'Esprit dit aux Eglises.

L'OCCULTISME : UNE PUISSANCE SATANIQUE

A ma sœur et frère racheté, Dieu appele l'occultisme des "pratiques curieuses " : Actes 19:18-19 "Plusieurs de ceux qui avaient cru venaient confesser et déclarer ce qu'ils avaient fait. Et un certain nombre de ceux qui avaient exercé les arts magiques, ayant apporté leurs livres, les brûlèrent devant tout le monde : on en estima la valeur à cinquante mille pièces d'argent".

Ma sœur et frère racheté, cette pratique satanique qui devient un mode de vie partout et dans tous les secteurs de la vie sur la terre rapporte gros.

Chères voisines et voisins pratiquer où s'intéresser à l'occultisme, C'est reconnaître l'autorité de Satan et se livrer à lui ainsi il vous confie un pouvoir d'origine satanique opposé au pouvoir de L'Esprit de Dieu envoyé le jour de la Pentecôte qui habite dans chaque racheté du Seigneur Jésus Christ.

Ma sœur et frère racheté, souvenez-vous des magiciens de l'Egypte qui se sont violemment opposé à la volonté de Dieu : Exode 7:10-11: Moïse et Aaron allèrent auprès de Pharaon, Ils firent ce que l'Éternel avait ordonné. Aaron jeta sa verge devant Pharaon et devant ses serviteurs, et devint un serpent. Mais Pharaon appela ses sages et des enchanteurs et des magiciens d'Égypte, eux aussi en firent autant par leurs enchantement".

L'apôtre Paul lors de l'implantation de L'Eglise du Christ avait fait face à Elmas le magicien qui cherchait à détourner de la foi le Proconsul Actes 13 6-8 "Ayant ensuite traversé toute l'île jusqu'à Paphos, Ils trouvèrent un certain magicien, faux Prophète juif nommé Bar- Jésus qui était avec le Proconsul Sergius Paulus, homme intelligent. Ce dernier fit appeler Barnabas et Saül, et manifesta le désir d'entendre la parole de Dieu. Mais Elymas, le magicien - car C'est ce que signifie son nom - leur faisait opposition".

De même que l'Apôtre Phillipe qui avait rencontré Simon le magicien de la Samarie : Actes 8: 9-12 : "Il y avait auparavant dans la ville un homme nommé Simon, qui se donnant pour un personnage important, exerçait la magie et provoquait l'étonnement du peuple de la Samarie. Tous depuis le plus petits jusqu'au plus grand, l'écoutaient attentivement et disaient Celui-ci est la puissance de Dieu, celle qui s'appelle la grande. Ils l'écoutaient attentivement parce qu'il les avait longtemps étonnés par ces actes de magie. Mais, quand Ils eurent cru à Philippe, qui leur annonçait la bonne nouvelle du royaume de Dieu et du nom de Jésus Christ, hommes et femmes se firent baptiser."

Chères voisines et voisins quitter la puissance satanique vers la puissance de Dieu.

Que celui qui a des oreilles entende ce que L'Esprit dit aux.

SATAN SE DÉGUISE EN ANGE DE LUMIÈRE POUR SEDUIRE SES MINISTRES

A ma sœur et frère racheté, le prince de la compagnie des menteurs et trompeurs se déguise en ange de lumière voulant entrainer avec lui, sous la malédiction éternelle les voisines et voisins qui se laissent prendre par ses tromperies :

2 Corinthiens 11: 13-15 "Ces hommes-là sont des faux apôtres, des ouvriers trompeurs, déguisés en apôtre de Christ. Et cela n'est pas étonnant puisque Satan lui-même se déguise en ange de lumière. Il n'est donc pas étrange que ses ministres aussi se déguisent en ministres de justice. Leur fin sera selon leurs œuvres".

Chères voisines et voisins, ces hommes et femmes qui vous cache la Sainte Bible et vous maintiennent dans les dogmes, dans les fausses religions, les fausses doctrines, la philosophie-théologie, la magie, la sorcellerie, l'occultisme, l'illiminati 666, l'Évangile de prospérité, de délivrance , des miracles, l'adoration d'une statue, l'adoration des démons à la Mecque pour favoriser le tourisme dans le pays en manipulant également les démons via les marabouts et bien d'autres péchés sont les ministres de la compagnie des menteurs et trompeurs.

Leur maître les places partout et dans tous les secteurs de la vie en commençant par les églises, les banques, le sommet des États, le gouvernement, le parlement, le pouvoir judiciaire, les affaires, l'administration. Ces ministres de l'ennemie de Dieu sont partout pour que l'homme et la femme créée à l'image de Dieu ne puissent pas croire en Christ Dieu Sauveur et entrer dans l'éternité (l'apostasie).
Ma sœur et frère racheté, tous ces menteurs et trompeurs utilisent les pouvoirs surnaturels qui proviennent de leur Prince qui se déguise en ange de lumière et pourtant ennemi de Dieu. Cette compagnie a organisé son système autour de l'argent en ce temps des derniers jours pour séduire.
Que celui qui a des oreilles entende ce que L'Esprit dit aux Eglises.

L'OBJECTIF DU PRINCE DE CE MONDE

A ma sœur et frère racheté, le prince de la grande compagnie des menteurs et trompeurs est le chef de ce monde : Jean 12: 31-32 "Maintenant a lieu le jugement de ce monde, maintenant le prince de ce monde sera jeté dehors.
Et moi quand j'aurai été élevé de la terre, j'attirerai tous les hommes à moi".
Effectivement sur la croix notre maitre l'avait vaincu et ne représente rien sauf le mensonge et la tromperie. Notre Seigneur attire vers lui toute personne qui croît en lui et devient " son racheté".
Satan séduit par la tromperie la terre tout entière : Apocalypse 12: 7-9 : Et il y eut guerre dans le ciel, Michel et ses anges combattirent contre le dragon. Et le dragon et ses anges combattirent. Mais Ils ne furent pas les plus forts et leur place ne fut plus trouvé dans le ciel. Et il fut précipité, le grand dragon, le serpent ancien, appelé le diable et Satan, celui qui séduit toute la terre, il fut précipité sur la terre, et ses anges furent précipité avec lui".
Chères voisines et voisins celui qui vous maintien dans la rébellion contre Dieu a un seul objectif personnel "substituer de plus en plus dans le monde son influence personnel à celle de Dieu, il ne veut pas que les hommes et femmes

créés à l'image de Dieu acceptent Christ Dieu Sauveur et Seigneur. Il ne veut pas que Dieu soit honoré mais que lui soit honoré et même adoré. Or il n'est pas Dieu, il n'est qu'une créature un ange extraordinaire déchu".

Sa fin sera d'être jeté par Dieu en enfer avec celle et celui qui a accepté d'être son agent au sein de sa grande compagnie des menteurs et trompeurs.

Que celui qui a des oreilles entende ce que L'Esprit dit aux Eglises.

LE MAITRE TROMPEUR : SON ORIGINE

A ma sœur et frère racheté, Dieu n'a pas créé "Satan" méchant comme il est aujourd'hui avec sa compagnie des menteurs et des trompeurs. Il avait été créé "un chérubin" c'est à dire "un ange extraordinaire", comme "un Astre brillant, Parfait" semblable à "un fils de l'aurore".

Mais l'orgueil l'a fait pécheur et il a dit dans son cœur "je monterai aux cieux, j'élèverai ma trône au-dessus des étoiles de Dieu : Essaie 14: 12-15 "Te voilà tombé du ciel, Astre brillant, fils de l'aurore ! Tu es abattu à terre, Toi, le vainqueur des nations ! Tu disais en ton cœur : je monterai au ciel, j'élèverai mon trône au- dessus des étoiles de Dieu : Je m'assiérai sur la montagne de l'assemblée, à l'extrémité du septentrion, Je monterai sur le sommet des nués, Je serai semblable au Très Haut. Mais tu as été précipité dans le séjour des morts, dans les profondeurs de la fosse".

Chères voisines et voisins, c'est dans les profondeurs de la fosse où ce menteur et trompeur organise sa compagnie des menteurs et trompeurs pour entraîner les nations, les personnes qui ne croient pas à la parole de Dieu dans l'occultisme la sorcellerie, la magie, la convoitise, le plaisir charnel et autre iniquité/péché.

Quand il s'est opposé à Dieu, il a entraîné beaucoup d'autres anges avec lui, lesquels sont devenus des anges déchus, des démons utilisés par "les agents de Satan" pour accomplir les mensonges comme quoi ils donnent différents

pouvoirs, bonheur, l'argent, la guérison, les miracles, l'amour, la paix, la force, la santé, le mariage, le succès, la célébrité et autre tromperie.
Ma sœur et frère racheté, tout ce que "ce menteur" propose semble attractif et innocent pour un temps mais en vérité il s'agit en fait des pièges pour enchaîner les hommes et les femmes naïfs, rebelles à "la loi de Dieu" à mourir éternellement en dehors de Dieu avec lui et ses démons.
Que celui qui a des oreilles entende ce que L'Esprit dit aux Eglises

TRAVAILLER NON POUR LA NOURRITURE QUI PERIT MAIS POUR CELLE QUI EST SOURCE DE VIE ÉTERNELLE

A ma sœur et frère racheté, ne soyez pas parmi les personnes qui se mettent au service de L'Eglise pour y avoir la nourriture et les honneurs et devenir ainsi un obstacle à l'avancement de l'Évangile de Dieu : Jean 6:27 "Travaillez, non pour la nourriture qui périt, mais pour celle qui subsiste pour la vie éternelle, et que le Fils de l'homme vous donnera : car c'est lui que le Père lui-même a marqué de son sceau."
Ma sœur et frère racheté, la satisfaction de votre appétit physique ne représente pas l'aspect le plus important de votre vie. Une personne n'a pas seulement un corps à nourrir mais aussi un esprit et une âme. C'est pourquoi vous devez venir à l'Eglise y travailler pour la nourriture qui subsiste pour la vie éternelle.
Vous ne devez pas consacrer toutes vos énergies et vos dons à nourrir votre corps qui dans un temps mourra et redeviendra la terre. Au contraire vous devez veuillez à nourrir votre âme chaque jour avec la parole de Dieu. Car c'est votre âme qui rendra compte à Dieu de votre séjour sur la terre.
Donc, chères voisines et voisins travailler sans relâche dans le but d'acquérir une meilleure connaissance de la parole de Dieu qu'est la vie éternelle. Si vous n'avez pas la parole de Dieu en vous chères voisines et voisins soyez rassuré que vous n'avez pas Christ Dieu Sauveur en vous. A la résurrection c'est cette âme

remplit de Christ Dieu Sauveur qui aura un autre corps de gloire venant de lui-même.
Que celui qui a des oreilles entende ce que L'Esprit dit aux Eglises.

PREPARONS NOS LAMPES L'ÉPOUSE EST A LA PORTE : DEUX VIDÉOS

A ma sœur et frère racheté, les signes annonçant le retour de l'Epoux sont là dans ces deux vidéos.
Soyons comme les Vierges sages et préparons nos lampes pour ne pas être surpris comme les vierges foles, esclaves de Satan.

CHRIST LE SEUL VRAI DIEU EST LA LUMIÈRE DU MONDE

A ma sœur et frère racheté, Christ Dieu Sauveur est une lumière pour son peuple élu que vous êtes. Car vous avez rencontré "la lumière" et vous ne marchez plus dans les ténèbres de pratiques occultes (la magie, l'illiminati 666, la sorcellerie, l'occultisme sous toutes ses formes, le plaisir de ce monde et autre péché/iniquité : Jean 8:12" Jésus leur parla de nouveau, et dit : je suis la lumière du monde : celui qui me suit ne marchera pas dans les ténèbres, mais il aura la lumière de la vie".
Chères voisines et voisins en vivant dans les ténèbres de Satan, vous ratez carrément l'unique occasion offerte à votre âme d'habiter dans "la ville qui n'aura besoin ni du soleil ni de la lune pour l'éclairer" Car la gloire de Dieu l'éclairera et l'Agneau sera son flambeau : Apocalypse 21: 22-23 "Je ne vis point de temple dans la ville, car le Seigneur Dieu Tout Puissant est son temple, ainsi que l'Agneau. La ville n'a pas besoin ni du soleil ni de la lune pour l'éclairer car la gloire de Dieu l'éclaire et l'Agneau est son flambeau".
Ma sœur et frère racheté, aucune obscurité ne sera présente dans cette cité céleste où nous vivrons illuminés et transformés par l'Agneau qu'est notre

Sauveur le Seigneur. La Sainte Bible confirme que nous serons remplis de la lumière de vie.
Chères voisines et voisins c'est cela que le Psalmiste dit : Psaumes 27:1 "l'Éternel est ma lumière et mon salut : de qui aurais- je crainte ?, l'Éternel est le soutien de ma vie : de qui aurais- je peur ?" Psaumes 43:3 "Envoie ta lumière et ta fidélité ! Quelles me guident, qu'elles me conduisent à ta montagne Sainte et à tes demeures !".
Quittez les pratiques occultes au service de Satan et soyez conduit par Christ Dieu Sauveur vers la ville/cité céleste qu'il est en train de préparer pour ses élus. Êtes-vous parmi ses élus ?
Que celui qui a des oreilles entende ce que L'Esprit dit aux Eglises

LA DOMINATION REPOSE SUR SON EPAULE

A ma sœur et frère racheté, tous ces esclaves de Satan dits dirigeants des religions, serviteurs et servantes de Dieu cachent cette vérité concernant la naissance du Fils de Dieu prophétisée par le prophète Essaie 9:5 "Car un enfant nous est né, un Fils nous est donné, Et la Domination reposera sur son épaule". Chères voisines et voisins malheur à vous qui n'avaient pas " le Fils de Dieu en vous car tout pouvoir lui a été donné au ciel et sur la terre comme il l'avait prononcé lui-même à ses disciples après sa résurrection : Matthieu 28:18 "Jésus, s'étant approché, leur parla ainsi : Tout pouvoir m'a été donné dans le ciel et sur la terre".
Il s'agit exactement du royaume de Dieu qui doit venir avec puissance et démonstration qui brisera et mettra en pièce tout le reste du monde c'est à dire chaque empire, royaume, principauté, nations du monde, les fausses religions et courants philosophiques rebelles à Dieu seront anéantis et détruits.
Donc le Fils de Dieu vient dominer toutes les nations de la terre comme prophétisé par le prophète Essaie 22:23 "je mettrai sur son épaule la clé de la

maison de David : Quand il ouvrira, nul ne fermera, Quand il fermera nul n'ouvrira."

Ma sœur et mon frère racheté, Christ Dieu Sauveur que vous avez en vous a le pouvoir de déterminer qui entrera dans son royaume davinique qui arrive bientôt : Apocalypse 3:7 "Ecris à l'ange de L'Eglise de Philadelphie : voici ce que dit le Saint, le Véritable, celui qui a la clé de David, celui qui ferme et personne n'ouvrira".

Chères voisines et voisins faite un bon choix de se repentir en quittant les fausses religions, l'occultisme, la magie, la sorcellerie et autre péché/ iniquité qui vous prend en otage pour être conduit par l'Esprit de Dieu pour une vie nouvelle conduite par "La Sainte Bible" Sinon alors vous serez détruit.

Que celui qui a des oreilles entende ce que L'Esprit dit aux Eglises.

SI VOUS N'AVEZ PAS LE SAUVEUR QUI EST CHRIST EN VOUS INUTILE DE FÊTER SA PREMIERE VENUE

A ma sœur et frère racheté,

Quinquonque n'a pas le sauveur qui est Christ, le Seigneur n'a pas à fêter Noël. Car la personne est morte dans le péché en dehors du Sauveur de l'humanité. Chères voisines et voisins comment vivre dans les ténèbres de la magie, sorcellerie, occultisme et autre péché et en même temps fêter la venue du sauveur que vous n'avez pas en vous et de surcroît ne vous connait pas au même titre que ses rachetés vivant dans sa lumière ?

Sachez-le très bien, La bonne nouvelle de sa naissance a été annoncée premièrement aux bergers et non aux hommes d'affaires, aux célébrités ni aux dirigeants : Luc 2 : 8 -11 "Il y avait, dans cette contrée, des bergers qui passaient dans les champs les veilles de la nuit pour garder leurs troupeaux. Et voici, un ange du Seigneur leur apparut, et la gloire du Seigneur resplendit autour d'eux. Ils furent saisis d'une grande frayeur. Mais l'ange leur dit : Ne craignez point, car je vous annonce une bonne nouvelle, qui sera pour tout le peuple le sujet d'une grande joie : C'est qu'aujourd'hui, dans la ville de David, il est vous est né un Sauveur, qui est le Christ, le Seigneur."

D'ailleurs le roi Hérode et les élites de l'époque l'ont cherché dans les écritures pendant que le Sauveur était déjà en Israël.

De même aujourd'hui, comme il est "Esprit" il se trouve dans les cœurs de ses rachetés qui ont cru à la bonne nouvelle, se sont repentit et il constitue la lumière qui les dirigent au quotidien.

Malheur à vous s'il n'est pas en vous, vous êtes mort éternellement.

Que celui qui a des oreilles entende ce que L'Esprit dit aux Eglises.

DEMEUREZ EN CHRIST LE SEUL VRAI DIEU

A ma sœur et frère racheté,

Restez attaché à Christ, le seul vrai Dieu et ne plus pécher comme les infiltrés qui se trompent en servant deux maîtres, Dieu sauveur dans l'église locale et en même temps sont dans les pratiques des ténèbres c'est à dire les loges et sociétés occultes, la sorcellerie, la magie, la convoitise, le meurtre, la recherche du plaisir, les richesses, le pouvoir de ce monde et autre iniquité ou rébellion contre Dieu : Jean 15 : 4-5 "Demeurez en moi, et je demeurerai en vous. Comme le sarment ne peut de lui-même porter du fruit, s'il ne demeure attaché au cep, ainsi vous ne le pouvez pas non plus, si vous ne demeurez en moi. Je suis le cep, vous êtes les Sarments. Celui qui demeure en moi et en qui je demeure porte beaucoup de fruit, car sans moi vous ne pouvez rien faire".

Chères voisines et voisins, demeurer signifie "rester à l'endroit où l'on se trouve, une personne rachetée a été placée dans sa marche au quotidien en Christ". "Son âme est à Christ et Christ est en lui en lisant sa Parole et en lui obéissant, l'âme tire de lui sa vie et sa nourriture". En outre, le sarment peut porter du fruit s'il

demeure attaché au cep de même, les rachetés de Christ, sans la communion avec Christ au quotidien ne peut pas porter du fruit et devenir semblable à lui. Ma sœur et frère racheté, restez attaché à Dieu et il vous élèvera.
Que celui qui a des oreilles entende ce que L'Esprit dit aux Eglises.

LE SEUL VRAI DIEU CONNAIT PARFAITEMENT SES RACHETE (ES)

A ma sœur et frère racheté,
Le Seul vrai Dieu connaît parfaitement ses brebis/rachetés/élus/Église/Épouse/ fils et fille de Dieu. Les chrétiens ou croyants d'une religion qui demeurent dans" le péché également sont connus : Jean 10: 26- 27 "Mais vous ne croyez pas, parce que vous n'êtes pas de mes brebis. Mes brebis entendent ma voix, je les connais, et elles me suivent. Je leur donne la vie éternelle, et elles ne périront jamais, et personne ne les ravira de ma main". Il ressort clairement que l'âme qui ne reconnaît pas Christ Dieu Sauveur mais préfère se cacher dans une religion n'a pas la vie éternelle et ne sera pas ressuscité le dernier jour.
Cette vérité, Christ l'a répété encore dans Jean 6 : 40 "La volonté de mon Père, c'est que quiconque voit le Fils et croît en lui ait la vie éternelle, et je le ressusciterai au dernier jour“.
Chères voisines et voisins membres de votre religion, la volonté de Dieu :
1. Que les gens croient au Seigneur, le Fils unique,
2. Reçoivent la vie éternelle,
3. Ils seront ressuscités au dernier jour. Une fois vous êtes sauvé, vous passez de la mort à la vie et vous êtes en sécurité entre les mains du bon Berger et personne ne peut plus vous amener dans l'occultisme, sorcellerie, magie, le plaisir de ce monde et autre iniquité. Ne perdez pas votre temps à réciter le chapelet "notre Père qui est aux cieux …"
Voilà la volonté de Dieu pour vous et pour moi. Mettez-la en pratique.
Que celui qui a des oreilles entende ce que L'Esprit dit aux Eglises.

LES INFILTRÉS DANS L'ÉGLISE DU CHRIST BIENTÔT DÉMASQUÉS

A Ma sœur et frère racheté,

Dans les églises locales et les communautés religieuses, les sorciers, les magiciens, les occultistes, les illuminatis, les satanistes et autres esclaves de Satan se prétendent prophètes, chasseurs de diable/démons ou faiseurs des œuvres de Jésus. Et pour bien jouer leur rôle, ils se font elir dirigeants des groupes, des communautés ou confessions religieuses. Donc ce sont des personnes non sauvées mais font des œuvres de Jésus.

Chères voisines et voisins, bientôt, ces personnes seront démasquées : Matthieu 7: 21 -23 "Ceux qui me disent : Seigneur, Seigneur ! N'entreront pas tous dans le royaume des cieux. Plusieurs me diront en ce jour-là : Seigneur, n'avons pas prophétisé par ton nom ? N'avons-nous pas chassé des démons en ton nom ? Et n'avons-nous pas fait beaucoup de miracle par ton nom ? Alors je leur dirai ouvertement : je ne vous ai jamais connu, retirez-vous de moi, vous qui commettez l'iniquité".

Chers esclaves de Satan infiltrés dans l'Eglise du Christ ce jour-là, où il vous dira "je ne vous ai jamais connu" parce-que vous êtes de Satan arrive. Et il ajoute "vous qui commettez l'iniquité c'est à dire vous commettez "tout péché", une rébellion contre la loi de DIEU. Or celui qui pratique le péché est du Diable : 1Jean : 3 : 8- 9 "Celui qui pratique le péché est du diable, car le diable a péché dès le commencement. Le Fils de Dieu a paru afin de détruire les œuvres du diable, Quiconque est né de Dieu ne pratique pas le péché, parce-que la semence de Dieu demeure en lui : et il ne peut pécher, parce qu'il est né de Dieu.

Chères voisines et voisins avez-vous la semence de Dieu en vous ? Où êtes-vous membres de votre religion ?

Que celui qui a des oreilles entende ce que L'Esprit dit aux Eglises.

QUINCOQUE N'A PAS LE SEUL VRAI DIEU EST DÉJÀ JUGÉ

A ma sœur et frère racheté, plusieurs milliards des voisines et voisins membres de leurs religions n'ont pas "Le seul vrai Dieu". Ces personnes vénèrent/adorent "des faux", des chefs religieux fondateurs, En lingala de mon pays la RDC, ces personnes adorent "les binzambenzambe" presque la même chose en Tshiluba, en Kikongo et "Miungu" en Swahili.
La Sainte Bible déclare que ces personnes sans "Le Seul vrai Dieu" c'est à dire sans le Fils unique de Dieu dans leurs âmes sont déjà jugées : Jean 3 : 17- 18 "Dieu, en effet, n'a pas envoyé son Fils dans le monde pour qu'il juge le monde, mais pour que le monde soit sauvé par lui. Celui qui croît en lui n'est point jugé, mais celui qui ne croit pas est déjà jugé, parce qu'il n'a pas cru au nom du Fils unique de Dieu".
Chers voisines et voisins croire au nom du vrai Dieu signifie "faire confiance à Jésus Christ comme Seigneur et Sauveur de votre âme et de s'engager à ses côtés. La personne reçoit alors une nouvelle nature qui produit un changement dans le cœur et permet d'obéir à Christ Dieu Sauveur et non obéir à la religion.
Chers voisines et voisins faites un bon choix de prendre la grande décision de recevoir dans votre âme "Le seul vrai Dieu" et vous échappez carrément au jugement de Dieu qui arrive bientôt. Il y a 2021 ans qu'il est venu comme Sauveur et maintenant il revient comme "Juge" qui sépare le vrai du faux.
Que celui qui a des oreilles entende ce que L'Esprit dit aux Eglises.

LA VIE ETERNELLE C'EST CONNAÎTRE LE SEUL VRAI DIEU

A ma sœur et frère racheté, plusieurs chefs religieux dans le monde se disent envoyé et "dieu".
La question ce matin est celle de savoir de tous "ces dieux fondateurs de leurs religions" qui est "Le seul vrai Dieu" ?

Chères voisines et voisins, la Sainte Bible répond à cette question clairement : 1 Jean 5: 20- 21 "Nous savons aussi que le Fils de Dieu est venu, et qu'il nous a donné l'intelligence pour connaître le véritable, et nous sommes dans le véritable en son Fils Jésus Christ. C'est lui qui est le Dieu véritable, et la vie éternelle. Petits enfants, gardez- vous des idoles".

Ma sœur et frère racheté, C'est vous l'intelligent de ce monde comme vous avez Christ Dieu Sauveur en vous, lui l'unique chemin qui mène le pécheur vers la vie éternelle et personne et alors personne autre. C'est lui que Dieu a envoyé et qui est "le vrai Dieu "

Ne vénérer plus cette statue imposée et ces chefs religieux créateurs de leurs religions pour s'enrichir.

En dehors du Seul vrai Dieu, vous avez la richesse, le pouvoir, la célébrité, les honneurs, les plaisirs charnels, le pseudo-bonheur et autres mensonges du prince de ce monde sauf "la vie éternelle" que nous obtenons par la grâce de lui-même "Le seul vrai Dieu".

Que celui qui a des oreilles attendent ce que L'Esprit dit aux Eglises.

CHRIST DIEU SAUVEUR EST LA VIE ETERNELLE

A ma sœur et frère racheté, Christ Dieu Sauveur est la vie éternelle.

Chères voisines et voisins croyez en Christ Dieu Sauveur, Fils unique de Dieu qui a été élevé afin que quiconque croît en lui ait la vie éternelle : Jean 3: 14-15 "Et comme Moïse éleva le serpent dans le désert, il faut de même que le Fils de l'homme soit élevé, afin que quiconque croit en lui ne périsse point mais qu'il ait la vie éternelle".

Chères voisines et voisins, la vie éternelle ne désigne pas seulement une vie d'une longueur infinie mais aussi d'une qualité supérieure c'est à dire "la vie de l'âge à venir" et cela renvoie donc à la résurrection et à l'existence céleste dans la gloire et la sainteté parfaite. Cette vie, les rachetés/ les élus/ les filles et fils de Dieu en font déjà l'expérience ici-bas, avant même d'arriver au paradis.

Avoir "la vie éternelle" signifie essentiellement partager la vie éternelle de la Parole vivante qu'est Christ Dieu Sauveur. C'est la vie de Dieu dans chaque racheté/élu/ fille et fils de Dieu, qui ne sera rendue complètement manifeste qu'à la résurrection des morts car nous sommes citoyens des cieux : Philippiens 3: 20-21 "Mais nous, nous sommes citoyens des cieux, d'où nous attendons aussi comme sauveur le Seigneur Jésus Christ, qui transformera le corps de notre humiliation en le rendant semblable au corps de sa gloire, par le pouvoir qu'il a de d'assujettir toutes choses".

L'apôtre Paul le souligne également aux Romains 8:16 "L'Esprit lui-même rend témoignage à notre esprit que nous sommes enfants de Dieu".

Chères voisines et voisins sans l'Esprit de Dieu en vous, vous n'avez pas la vie éternelle même si vous appartenez à n'importe quelle religion. Votre religion ne vous accorde pas "la vie éternelle".

Que celui qui a des oreilles entende ce que L'Esprit dit aux Eglises.

DES FAUX PASTEURS ET LE MINISTERE DE DÉLIVRANCE ET COMBAT SPIRITUEL

A ma sœur et frère racheté, vous avez lu comme moi sur la toile, un grand pasteur de la RDC, mon pays qui invite les gens à venir obtenir les miracles lors de sa campagne prévue en décembre 2021 prochain. Un autre vient de confier "son onction" et sa puissance à sa progéniture et une autre avait fait de la délivrance et combat spirituel qui est un attribut de Dieu Sauveur une "pseudo-église d'elle-même et sa progéniture comme si Christ Dieu Sauveur n'est pas mort pour sauver son "Eglise". Donc ce sont eux qui font les miracles et qui délivrent en lieu et place de l'Esprit de Dieu.

Chères voisines et voisins nous vivons le temps de derniers jours où au lieu de prêcher la Parole de Dieu qui conduit l'homme et la femme qui l'écoute à la repentance sincère et qui amène Dieu (Esprit) dans l'âme du repentant pour commencer une vie nouvelle de racheté qu'est la grâce/l'éternité, des faux pasteurs/prophètes au service de Satan, en réalité des occultistes, magiciens, sorciers, satanistes et autres pseudo-hommes et femmes de Dieu se sont infiltrés comme l'ivraie dans l'œuvre de notre Dieu Sauveur.

Ces faux présentent leur ministère comme "une libération de la souffrance et de mal qui passe par l'exorcisme et l'éradication.

Chères voisines et voisins c'est du mensonge C'est une diabolisation des esprits païens, ancêtres et génies protecteurs qui conduit vers le phénomène" camps de prière, de guérison et délivrance pour organiser des jours voire des années, un marathon des prières sans repentance/conversion c'est à dire les gens demeurent dans leur vieille nature tant pis, le pasteur devient Patron.

Le plan de Dieu est clair "après la repentance du repentant c'est le baptême de l'Esprit de Dieu qui apporte par lui-même "le salut", "la guérison" et la "délivrance". C'est ça la grâce que nous prêchons.

Repentez-vous alors et ne suivez pas ces occultistes, sorciers, satanistes, magiciens et autres esclaves de Satan qui utilisent les termes "de lutte contre la sorcellerie, les démons et la malédiction ancestrale" pour vous tenir en dehors du Dieu vivant et sa Parole par l'exorcisme qui passe par l'imposition des mains et parfois une lutte au corps à corps avec "le possédé" : Mathieu 7:15 "Gardez-vous des faux prophètes, Ils viennent à vous en vêtements de brebis, mais au-dedans ce sont des loups ravisseurs". Croyez en Christ Dieu Sauveur, le seul qui baptise par L'Esprit et délivre comme le témoigne son envoyé spécial Jean Baptiste : Mathieu 3:11- 12 "Moi, je vous baptise d'eau, pour vous amener à la repentance, mais celui qui vient après moi est plus puissant que moi, et je ne suis pas digne de porter ses souliers. Lui, il vous baptisera du Saint Esprit et de

feu. Il a son van à la main, il nettoiera son aire, et il amassera son blé dans le grenier, mais il brûlera la paille dans un feu qui ne s'éteint point"
Les faux pasteurs et les voisines et voisins rebelles sont la paille destinée au feu qui ne s'éteint point.
Soyez donc le blé qui sera dans son royaume.
Que Celui qui a des oreilles entende ce que L'Esprit dit aux Eglises.

REPENTEZ VOUS L'ETERNITE EST PROCHE

A ma sœur et frère racheté, lors de sa première venue sur la terre, Christ Dieu Sauveur avait envoyé Jean Baptiste de demander à son peuple de se repentir : Mathieu 3:1-2 "En ce temps-là parut Jean Baptiste, prêchant dans le désert de Judée. Il disait : Repentez- vous, car le royaume des cieux est proche". Il s'agit ici d'une repentance radicale d'avec le péché laquelle produit "la nouvelle naissance" un changement de comportement, l'ancienne nature passe et l'on devient une autre personne en Christ Dieu Sauveur "Élu de Dieu/racheté/ Épouse/Église. Contrairement à ce que nous vivons dans les religions, des sorciers, magiciens, occultistes, satanistes, impudiques, meurtriers, égoïstes, amis de l'argent, du plaisir charnel et autres détenus de Satan disent également "Jésus" dans leurs réunions sans une réelle conversion.
Chères voisines et voisins se repentir est l'unique porte de se réconcilier avec Dieu pour l'éternité.
Prenez cette courageuse décision de quitter le monde des ténèbres pour marcher comme fille et fils de Dieu.
Il y aura de la joie au ciel pour vous en prenant cette décision : Luc 15 :7 "De même, je vous le dis, il y aura plus de joie dans le ciel pour un seul pécheur qui se repent, que pour quatre-vingt-dix-neuf justes qui n'ont pas besoin de repentance" et il continu en disant : Luc 15 : 10 "De même je vous le dis, il y a de la joie devant les anges de Dieu pour un pécheur qui se repent".

Bientôt, Christ Dieu Sauveur rentre pour accomplir sa promesse : Jean 14: 3-4 "Et lorsque je m'en serai allé, et que je vous aurai préparé une place, je reviendrai, et je vous prendrai avec moi, afin que là où je suis vous y soyez aussi. Vous savez où je vais, et vous en savez le chemin" et également : Mathieu 25: 31-34 "Lorsque le Fils de l'homme viendra dans sa gloire, avec tous les anges, il s'assiéra sur le trône de sa gloire. Toutes les nations seront assemblées devant lui. Il séparera les uns d'avec les autres, comme le berger sépare les brebis à sa droite, et les boucs à sa gauche. Alors le roi dira à ceux qui seront à sa droite : venez-vous qui êtes bénis de mon Père, prenez possession du royaume qui vous a été préparé dès la fondation du monde".

Chères voisines et voisins, ce "Roi" arrive bientôt. Êtes-vous "sa brebis" ou alors un bouc au service de Satan ?

Que Celui qui a des oreilles entende ce que L'Esprit dit aux Eglises.

LA GRACE, SOURCE DU SALUT : UN DON GRATUIT DU DIEU VIVANT

A ma sœur et frère racheté,

La grâce est la source du salut pour toutes les femmes et tous les hommes sur la terre. Malheureusement Satan a mis du mensonge autour de ce concept à travers la fausse religion à son service et ses autres esclaves et prostituées connus qui maintiennent des milliards de voisines et voisins dans la liberté de péché au nom de la grâce par des dogmes : Tite 2 : 11 "Car la grâce de Dieu Source du salut pour tous les hommes, a été manifestée. Elle nous enseigne à renoncer à l'impureté et aux convoitises mondaines, et à vivre dans le siècle présent selon la sagesse, la justice et la piété, en attendant la bienheureuse espérance, et la manifestation de la gloire de notre grand Dieu et Sauveur Jésus Christ. Il s'est donné lui-même pour nous, afin de nous racheter de toute iniquité et de se faire un peuple qui lui appartienne, purifié par lui et zélé pour les bonnes œuvres".

L'apôtre Paul démontre clairement que la grâce de Dieu est un attribut divin C'est à dire de Christ Dieu Sauveur lui-même qui est la grâce incarnée. Personne autre et alors personne sur la terre ne peut donner la grâce. C'est un cadeau suprême offert par Dieu aux hommes et femmes de la terre trompés par Satan.

Pour Dieu le sacrifice du Christ Dieu Sauveur est suffisant pour couvrir tous les péchés de celle et celui qui croît en lui et pas un autre nom : Jean 3: 16-18 "Car Dieu a tant aimé le monde qu'il a donné son Fils unique, afin que quiconque croit en lui ne périsse point, mais qu'il ait la vie éternelle. Dieu, en effet, n'a pas envoyé son Fils dans le monde pour qu'il juge le monde, mais pour que le monde soit sauvé par lui. Celui qui croît en lui n'est point jugé, mais celui qui ne croit pas est déjà jugé, parce qu'il n'a pas cru au nom du Fils de Dieu "Vous êtes averti chères voisines et voisins, le salut ne peut devenir effectif que par" la foi des élus/des rachetés/des fils et filles de Dieu "C'est à dire" seuls, ceux et celles qui auront cru à Christ Dieu Sauveur, remplit de l'Esprit de Dieu et conduit par la Sainte Bible seront sauvés et non toute l'humanité/toute la terre" l'apôtre Jean le confirme encore : Jean 1: 12-13 "Mais à tous ceux qui l'ont reçue, à ceux qui croient en son nom, elle a donné le pouvoir de devenir enfants de Dieu, lesquels sont nés, non du sang, ni de la volonté de l'homme, mais de Dieu".

Ma chère voisine et voisin êtes- vous de celles et ceux-là.

Si Oui, réjouissons-nous ensemble comme rachetés héritiers du royaume de notre Père.

Que Celui qui a des oreilles entende ce que L'Esprit dit aux Eglises.

L'ANNEE DE GRACE DU DIEU VIVANT

A ma sœur et frère racheté,

Ce quoi l'année de grâce ?

Dans l'ancienneté alliance/sous la loi mosaïque/de Moïse, Dieu exige de l'homme et de la femme "la justice" par contre avec la mort et la résurrection de

Christ Dieu Sauveur, c'est "la grâce" ici Dieu donne sa justice à l'homme et à la femme C'est à dire sous la loi si vous obéissez à la loi de Moïse les bénédictions viennent sur vous. Maintenant avec Christ Dieu Sauveur, la bénédiction est un effet de la grâce de Dieu que vous recevez par la foi en Christ Dieu Sauveur : Tite 3:4-7 "Mais lorsque la bonté de Dieu notre Sauveur et son amour pour les hommes ont été manifestés, il nous a sauvé, non à cause des œuvres de justice que nous aurions faites, mais selon sa miséricorde par le bain de la régénération et de renouvellement du Saint-Esprit. Il l'a répandu sur nous avec abondance par Jésus Christ notre Sauveur, afin que, justifiés par sa grâce, nous devenions héritiers dans l'espérance de la vie éternelle".

Chères voisines et voisins, la grâce donne la possibilité de changer de nature, le Dieu Sauveur a été crucifié dans sa chair C'est à dire les œuvres de la chair ont été crucifiées avec Christ maintenant avons la grâce de naître de nouveau, de changer de nature, de devenir des êtres spirituels et non charnels.

Donc la grâce fait de nous des citoyens du royaume de Dieu, vivants par l'Esprit de Dieu, marchant par l'Esprit de Dieu.

Ma sœur et mon frère racheté, en recevant Christ en vous le bonheur et la grâce vous accompagneront comme vous devenez une nouvelle créature conduite par L'Esprit du Dieu vivant : Psaumes 23: 6 "Oui le bonheur et la grâce m'accompagneront tous les jours de ma vie. Et j'habiterai dans la maison de l'Éternel jusqu' à la fin de mes jours". Psaumes 30 : 6 "Car sa colère dure un instant, Mais sa grâce toute la vie, le soir arrivent les pleurs et le matin l'allégresse”. Psaumes 5 : 13 "Car tu béni le juste, o Eternel ! Tu l'entoures de la grâce comme d'un bouclier".

En naissant de nouveau, un élu (e)/racheté (e) obtient le bonheur et la grâce "qu'est la vie éternelle" que le sorcier, magicien, occultiste, idolâtre, sataniste et toute personne esclave de péché n'a pas.

Chères voisines et voisins, Dieu Sauveur vous accorde encore la grâce de vous repentir ce jour et devenez une nouvelle créature conduite par l'Esprit de Dieu avant le signal de la trompette qui annonce son retour.
Que celui qui a des oreilles entende ce que L'Esprit dit aux Eglises.

L'ANNEE DE LA GRACE TOUCHE A SA FIN BIENTOT L'ETERNITE OU LE JOUR DE JESUS CHRIST

A ma sœur et frère racheté,
En ce moment où les voisines et voisins choisissent de demeurer dans l'amour de l'argent et le plaisir de ce monde avec le dieu "Mammon" vous et moi préparons-nous à entrer dans l'éternité car l'année de grâce proclamé par notre Dieu Sauveur touche à sa fin. Faisons comme le Roi David qui invitait l'Éternel à sonder son cœur pour en extirper toute injustice et péché : Psaumes 139: 23-24 "Sonde-moi, o Dieu, et connais mon cœur ! Éprouve-moi et connais mes pensées ! Regarde si je suis sur une mauvaise voie. Et conduis- moi sur la voie de l'éternité".
Ma sœur et mon frère racheté choisissez aujourd'hui la voie de l'éternité qui vous appel à reconnaître vos péchés, se repentir en acceptant Christ Dieu Sauveur qui vous remplira l'Esprit de Dieu et vous conduira par sa Parole de vérité.
Chères voisines et voisins l'année de grâce accordée à chaque personne de toutes les nations il y a de cela 2021 ans touche à sa fin. Cette année a été prophétisé par le prophète Essaie 61: 1-2 et prononcer par Christ Dieu Sauveur pour introduire son premier discours : Luc 4:18 - 21 "l'Esprit du Seigneur est sur moi, pareil m'a oint pour annoncer une bonne nouvelle aux pauvres, il m'a envoyé pour guérir ceux qui ont le cœur brisé, Pour proclamer aux captifs la délivrance Et aux aveugles le recouvrement de la vue, Pour renvoyer libres les opprimés, Pour publier une année nouvelle de grâce du Seigneur. Ensuite, il

roula le livre, le remit au serviteur, et s'assit. Tous ceux qui se trouvaient dans la synagogue avaient les regards fixés sur lui. Alors il commença à leur dire : aujourd'hui cette parole de l'écriture, que vous venez d'entendre, est accomplie."
Cette année de grâce publiée à Jérusalem par Christ Dieu Sauveur touche à sa fin et bientôt l'éternité : Philippiens 1: 6 "je suis persuadé que celui qui a commencé en vous cette bonne œuvre la rendra parfaite pour le jour de Jésus Christ".

Ma sœur et frère, le jour de Jésus Christ arrive êtes-vous une nouvelle créature de Christ conduit par L'Esprit de Dieu ?

Que celui qui a des oreilles entende ce que L'Esprit dit aux Eglises.

LE RÈGNE DE L'ANTI- CHRIST : GÉNÉRALITÉS

A ma sœur et frère racheté,

Le terme "Antéchrist" se retrouve dans les épîtres de 1 Jean 2:18 "Petits enfants, c'est la dernière heure, et comme vous avez appris qu'un antéchrist vient, il y a maintenant plusieurs Antéchrists par là nous connaissons que c'est la dernière heure", 1 Jean 2: 22- 23" Qui est menteur, si non celui qui nie que Jésus est le Christ ? Celui-là est Antéchrist, qui nie le Père et le fils. Quiconque nie le Fils n'a pas non plus le Père : quiconque se déclare publiquement pour le Fils a aussi le Père" 1Jean 4:3 "Et tout esprit qui ne se déclare pas publiquement pour Jésus n'est pas de Dieu, c'est celui de l'Antéchrist, dont vous avez appris la venue, et qui maintenant est déjà dans le monde", 2 Jean1: 7-11 "Car plusieurs séducteurs sont entrés dans le monde, et ne déclarent pas publiquement que Jésus-Christ est venu en chair. Celui qui est tel, c'est le séducteur et l'Antéchrist. Prenez garde à vous-mêmes, afin que vous ne perdiez pas le fruit de votre travail, mais que vous receviez une pleine récompense. Quiconque va plus loin et ne demeure pas dans la doctrine de Christ n'a point Dieu, celui qui demeure dans cette doctrine a le Père et le Fils. Si quelqu'un vient à vous et n'apporte pas cette doctrine, ne le recevez pas dans votre maison, et ne lui dîtes pas : salut ! Car celui qui lui dit : salut ! Participe à ses mauvaises œuvres. "Ces versets bibliques désignent d'une part "un personnage", adversaire de Dieu apparaissant à la fin des temps et d'autres part, les nombreux séducteurs " sectes pernicieuses et religions que je cesse d'appeler Antéchrists (les Illuminait, Islam, Babylone la grande de Rome, la société des Témoins de Jéhovah, l'Eglise de Jésus Christ des Saints des derniers jours (mormons) et autres. Christ de Nazareth lui-même nous a prévenu : Mathieu 24:4-5 "Jésus leur répondit : Prenez garde que personne ne vous séduise. Car plusieurs viendront sous mon nom, disant c'est moi qui suis le Christ. Et Ils séduiront beaucoup de gens" et Mathieu 24: 24 "Car il s'élèvera de faux christs et des faux prophètes ; ils feront de grands prodiges et des miracles, au point de séduire, s'il était possible, même les élus".

Ma sœur et frère racheté vous et moi nous sommes élus et notre Dieu Sauveur exprime ici sa confiance que nous ne serons pas séduit par l'argent et les biens matériels de ces Antéchrists.

Laissez les voisines et voisins demeurez otages des Antéchrist car leur sort est connu. Ils seront avec celui qui les a trompés éternellement hors de notre Père, le créateur (la géhenne/l'enfer).

Donc L'ANTI-CHRIST est "Celui qui ne reconnaît pas Jésus Christ comme Fils de Dieu incarné et qui milite pour cette négation". L'Antéchrist manifestera son autorité sur toute la terre. Ce mot vient du grec "antichristos" qui signifie "contre Christ ".

Une bonne nouvelle pour nous les élus/Epouse/racheté/fils et filles de Dieu, L'anti christ viendra après sa venue sur les nuées/dans les airs pour notre enlèvement, nous prendre et demeurer avec lui comme l'Epouse, l'Eglise que nous sommes.

Que celui qui a des oreilles entende ce que L'Esprit dit aux Eglises.

L'ORDRE DES ILLUMINATI 666 ET LE GOUVERNEMENT MONDIAL DE L'ANTI- CHRIST/ L'IMPIE/ LA BÊTE

A ma sœur et frère racheté, l'Apôtre Paul averti l'Epouse que vous êtes sur l'ordre des Illuminati 666 qui travaille pour instituer son adversaire/ennemi qu'est L'antéchrist/l'impie/la bête qui bientôt va diriger un "gouvernement mondial" qu'il vient détruire :

2 Thessaloniciens 2:9 -11 "l'apparition de cet impie se fera, par la puissance de Satan, avec toutes sortes de miracle, de signes et de prodiges mensongers, et avec toutes les seductions de l'iniquité pour ceux qui périssent parcequ'ils n'ont pas reçu l'amour de la vérité pour être sauvés. Aussi Dieu leur envoie-il une puissance d'égarement pour qu'ils croient au mensonge."

L'iniquité c'est l'ordre des Illuminati 666, les sciences occultes, la magie, la sorcellerie, le satanisme et les religions stigmatisées comme "Antéchrists qui maintiennent des milliards des voisines et voisins en dehors de la "Vie éternelle" C'est à dire loin du Vrai Dieu et celui qu'il a envoyé : Jean 17:3 "Or, la vie éternelle, c'est qu'ils te connaissent toi, le seul vrai Dieu, et celui que tu as envoyé, Jésus Christ".

Pour préparer l'Epouse/l'Eglise du Christ/ les rachetés/ les élus/Fils et filles de Dieu à ne pas tomber entre les mains de ces prostitués nous allons développer leur plan qui conduit vers le gouvernement mondial concurrent du Roi de la terre notre Dieu Sauveur qui tient fermement à ne pas perdre aucun élu : Jean 10: 26-28 " Mais vous ne croyez pas, parce que vous n'êtes pas de mes brebis. Mes brebis entendent ma voix, je les connais, et elles me suivent. Je leur donne la vie éternelle, et elles ne périront jamais, et personne ne les ravira de ma main".

Ma sœur et frère racheté, Voici le plan en six étapes des Illuminati, des dirigeants religieux, politiques et Socio-économiques du monde en vue de l'avènement de l'impie/ la bête/ l'anti-christ :

A. L'abolition de toutes les religions établies et existantes de sorte que l'idéologie luciférienne du totalitarisme puisse être imposée à toute l'humanité,

B. L'abolition de tous les gouvernements nationaux.

C. L'abolition de tout héritage de tout patrimoine,

D. L'abolition de la propriété privée,

E. L'abolition du patriotisme,

F. L'abolition de la maison unifamiliale et de la vie en famille en tant que cellule dans laquelle proviennent toutes les civilisations,

Nous allons développer chaque étape dans les prochaines publications.

Que celui qui a des oreilles entende ce que L'Esprit dit aux Eglises.

EN ROUTE VERS LE GOUVERNEMENT DE L'ANTI CHRIST : ABOLIR TOUTES LES RELIGIONS ET ETABLIR UN SYSTEME RELIGIEUX UNIVERSEL

A ma sœur et frère racheté, nous examinons la première stratégie de Satan pour assoir le gouvernement mondial de l'anti christ.

Selon la presse du Vatican/Rome, le Saint père (le Pape) qui mène le "dialogue interreligieux" entre les religions indique que C'est un outil indispensable pour la construction de la paix mondiale mais également s'enrichir mutuellement entre religions. Dans tous les voyages il cherche à mettre ensemble le judaïsme, le bouddhisme, le christianisme, l'islam et l'orthodoxie.

En pratique cette stratégie d'aboutir à un système religieux universelle s'est déjà réalisée. Pour mieux comprendre comment cette idéologie de Satan a réussie, je présente la situation actuelle de la République Démocratique du Congo (RDC), mon pays.

Les dirigeants ont reconnu un nombre restreint des confessions religieuses qui sont liées par une alliance. L'Eglise protestante supposée être "l'Eglise du Christ au Congo" a signé le pacte avec ces Antéchrists et prostituées.

Or la Sainte Bible est claire, il ne peut y avoir aucune relation entre la lumière du Christ et les ténèbres de Satan : 2 Corinthiens 6:14-16 "Ne vous mettez pas avec les infidèles sous un joug étranger. Car quel rapport y-a-t-il entre la justice et l'iniquité ? Où qu'a-t-il de commun entre la lumière et les ténèbres ? Quel accord y-a-t-il entre Christ et Bélial ? Ou quel part au fidèle avec l'infidèle ? Quel rapport y a-t-il entre le temple de Dieu et les idoles ?".

Grave encore la supposée Église du Christ dans mon pays est entrée en alliance avec l'idolâtre, le catholicisme de Rome, véritable alliance contre nature hier protestante revient à la maison mère et crache ainsi sur la mémoire de Martin Luther le père du protestantisme au point que la presse de Babylone la grande de Rome l'appelle avec complaisance "l'Eglise sœur" Oui parce que rentrer au bercail pour gérer les choses du monde y compris les élections, les affaires politiques, socio-économiques de mon pays ensemble. Alors que Christ notre Dieu Sauveur avait clairement dit que son royaume n'est pas de ce monde, il revient bientôt pour régner avec les siens qui se préparent sans aucun lien avec les infidèles, esclaves de Satan.

Donc l'Eglise supposée du Christ en RDC n'est plus le sel de la RDC ni fidèle à son époux. Ipso facto cette religion ne sert qu'à être foulée au pied comme le déclare notre Dieu : Mathieu 5:13 "Vous êtes le sel de la terre. Mais si le sel perd sa saveur, avec quoi la lui rendra-t-on ? Il ne sert qu'à être jeté dehors, et foulé aux pieds par les hommes".

Ma sœur et frère racheté, le système religieux universel est déjà effectif dans mon pays la RDC.

Que celui qui a des oreilles entende ce que L'Esprit dit aux Eglises.

L'ABOLITION DE TOUS LES GOUVERNEMENTS NATIONAUX

A ma sœur et frère racheté, pour arriver à une gouvernance mondiale améliorée les Illuminati 666 sont en train progressivement d'abolir tous les gouvernements nationaux et ça sera le règne de l'Anti christ.

Heureusement pour l'Eglise/l'Epouse/ les rachetés/ les élus, ils seront déjà auprès de l'Epoux, Dieu Sauveur. Pour les Illuminati 666 l'avènement d'un monde sans frontière est possible.

Dans son livre, demain qui gouvernera le monde ?, le stratège français Jacques ATTALI est optimiste " un jour, l'humanité comprendra qu'elle a tout à gagner à se rassembler autour d'un gouvernement démocratique du monde, dépassant les intérêts des nations les plus puissantes, protégeant l'identité de chaque civilisation et gérant au mieux les intérêts de l'humanité. Un tel gouvernement existera un jour "

Souvenez-vous que l'Union Africaine vient de prôner " la libre circulation des biens entre les Etats " Mon pays la RDC a déjà signé cet accord.

Ma sœur et frère racheté, pendant ce moment de règne de la bête/ l'impie/ L'Antichrist, moi et vous nous serons dans notre demeure éternelle auprès du créateur :

1Thessaloniciens 4 : 16 - 18 " Car le Seigneur lui même, à un signal donné, à la voix d'un archange, et au son de la trompette de Dieu, descendra du ciel, et les morts en Christ ressusciteront premièrement. Ensuite, nous les vivants, qui serons restés, nous serons tous ensemble enlevés avec eux sur des nuées, à la rencontre du Seigneur dans les airs, et ainsi nous serons toujours avec le Seigneur. Consolez- vous donc les uns et les autres par ces paroles."

L'ABOLITION DE TOUT HÉRITAGE, DE TOUT PATRIMOINE

A ma sœur et frère racheté, comme les Illuminati sont en train d'abolir la propriété privée, le groupe execute simultanément l'abolition de tout héritage et de tout patrimoine. Les hommes politiques et opérateurs économiques au service des Illuminati savent comment leur héritage est bloqué dans les banques et institutions financières une fois écarté par leurs patrons qui les mettent au service. Les Illuminati sont fermement persuadés qu'ils peuvent contrôler les gens et nations par la finance cause pour laquelle l'on nous exige de placer nos avoir en banque. Car l'argent est le moyen pour les Illuminati de prendre le pouvoir au niveau mondial. Il faut alors abolir tout héritage, de tout patrimoine. Pour ce groupe la concurrence dans le domaine économique doit être complètement supprimée. Par exemple, au lieu d'une douzaine de fabricants d'automobiles dans le monde, il ne doit y avoir qu'un seul.

Ils ont prévu l'effondrement des marchés financiers. Cet effondrement résultera des manœuvres conjointes des banques et des institutions financières du monde entier qui manipuleront les marchés boursiers et les taux d'échange. La plupart des gens et des Nations se retrouveront endettés et feront faillite. C'est le cas que nous venons de vivre avec la crise fabriquée de Covid19. Cela causera une panique financière dans le monde et parviendront ainsi à contrôler le monde par les finances.

Ma sœur et mon frère, nous les élus nous suivons la parole de l'apôtre Paul à son fils : 1 Timothée 6: 10-11" L'amour de l'argent est en effet à la racine de tous les maux.

En s'y livrant, certains se sont égarés loin de la foi et se sont infligé eux-mêmes bien des tourments. Quant à toi, homme de Dieu, fuis ces choses et recherche la justice, la piété, la foi, l'amour, la persévérance, la douceur "

COMMUNIQUÉ NÉCROLOGIQUE

C'est avec consternation que nous vous annonçons la mort de maman NSIMIRE KYALEMANINWA épouse de mon petit frère Ingénieur géologue LWESSO

KYALEMANINWA NICO à Goma où elle était en voyage ce soir jeudi 04 Novembre 2021. Le corps sera rapatrié à Bukavu.
Le numéro de téléphone de Nico Kyalemaninwa qui se trouve à Goma Tel. O994146353, 0815033265.

L'ABOLITION DE LA PROPRIÉTÉ PRIVÉE POUR LE REMPLACER PAR " UN NOUVEL ORDRE MONDIAL " DES ILLUMINATI 666

A ma sœur et frère racheté, comme nous l'avons mentionné dans les précédentes publication noter que les Illuminati furent fondés le 1er Mai 1776 par un prêtre de la congrégation des frères Jésuites du Catholicisme romain, la mère de ce prostitué qui voulait greffer sur la franc maçonnerie ce nouvel ordre mondial qui a comme philosophie de base " qu'il faut détruire toutes les religions, toutes les sociétés existantes et surtout abolir la " propriété privée" pour la remplacer par "un nouvel ordre" qui est une sorte de paradis où tous les gens seraient égaux, heureux pouvant jouir sans entraves ici et maintenant de tous les plaisirs de la vie.
Cela est "un plan de Lucifer/Satan conçurent du plan de Dieu qui prône la vie éternelle à ses rachetés/ ses élus/ son Église/ son épouse.
Ce complot contre Dieu vise à obtenir le contrôle absolu de ce monde et tout ce qu'il renferme c'est à dire l'abolition de la propriété privée dans le monde.
Pour mieux comprendre cette stratégie examinons le cas de mon pays la RDC :

1. Les Illuminati 666 ont réussi à mettre en place des dirigeants sans esprit patriotique qui les permettent de s'approprier toutes les ressources naturelles de mon pays qui n'a plus de propriété. Tenez, la RDC est constituée par les forêts qui regorgent toutes ses ressources naturelles or toutes ces espaces ont été identifiés par ces prédateurs comme parcs nationaux ipso facto patrimoine mondial géré par les Nations Unies "l'UNESCO" Ce groupe exploite alors ces réserves en y entretenant les groupes armés et l'Etat n'y exerce aucun contrôle.

2. Les députés nationaux, les sénateurs et députés provinciaux institués au service des Illuminati 666 qui élaborent des lois/ codes et édits provinciaux qui abolisent carrément la propriété aux congolaises et Congolais au profit des prédateurs car toutes les lois, codes et édits en rapport avec l'eau, l'énergie, les forêts, les mines, les hydrocarbures, les terres arables sont préparées par ces Illuminati et seulement adoptées par les soient disant élus du peuple.

3. Les familles, les lignées, les clans et tribus de la RDC sont en train de perdre leurs concessions et terres leur légués par nos ancêtres au profit des étrangers qui brandissent les lois/ codes et édits provinciaux adoptées par les élus nationaux et provinciaux.

4. L'insécurité créée par les dirigeants qui sont derrières les groupes armés pour pousser les populations à fuir et abandonner ainsi leurs terres au profit d'occupants étrangers. D'ailleurs l'actuel président de l'Assemblée Nationale les a appelés à quitter ces groupes armés.

5. Des députés provinciaux à l'est du pays sont soupçonnés en train d'élaborer des plans et édits provinciaux en vue de la redistribution des terres et espace vital aux étrangers dans les provinces du Sud- Kivu, Nord Kivu et Ituri.

Or la Sainte Bible attache de l'importance sur la propriété privée d'un peuple et pose l'interdiction de voler des terres : Deutéronome 19:14 "Tu ne reculera point les bornes de ton prochain, posées par tes ancêtres, dans l'héritage que tu auras au pays dont l'Éternel, ton Dieu, te donne la possession".

L'art 34 de la Constitution du pays stipule "la propriété privée est sacrée. L'Etat garantit le droit à la propriété individuelle ou collective, acquis conformément à la loi où à la coutume".

Oh peuple congolais où est parti le garant de la nation élu fin 2018 pour garantir au peuple ce droit sacré ?

Le peuple ne mérite pas un tel sort.

L'ABOLITION DU PATRIOTISME EN VUE DU GOUVERNEMENT MONDIAL DE L'ANTICHRIST

A ma sœur et frère racheté, l'Afrique de la Mozambique au Sud à la Lybie au Nord et bien d'autres pays en feu et en sang, l'œuvre des Illuminati, un groupe d'hommes et des femmes immensément riches, extrêmement rusées et astucieuses, possédant une extrême influence et utilisant l'or, les mensonges, les supercheries pour renverser et pervertir l'être humain. Les Illuminati utilisent la promesse de la richesse, de la luxure, des plaisirs charnels pour séduire et attirer les gens loin de Dieu pour les subjuguer au pouvoir de Satan sur la terre. Ainsi, le but des Illuminati est d'obtenir le contrôle, le pouvoir absolu sur toutes les richesses, les ressources naturelles et la main d'œuvre du monde entier.

Pour atteindre ce but, ce petit groupe est en train d'abolir la notion de patriotisme au sein des peuples/ populations partout en vue de les diviser, à élever les gens les uns contre les autres en encourageant les oppositions. Ensuite, les Illuminati portent ces groupes ainsi divisés à se battre entre eux et à s'affaiblir dans le but de "les assujettir tous plus facilement et au finish ils imposeront aux humains sur terre une forme de "despotisme satanique" sous le couvercle "d'un gouvernement mondial" régit par un seul chef "le suprême dictataire" dénommé Antichrist/l'impie/la bête.

Ma sœur et mon frère vous êtes averti, tenons ferme notre foi en notre Dieu Sauveur.

Le cas de mon pays la RDC est vraiment pénible. Tous les dirigeants à chaque niveau n'ont plus le sens de l'amour de la patrie, leurs ventres, le compte personnel et intérêt étranger d'abord.

Les Illuminati tiennent à tout prix à nous remplacer par d'autres personnes qui viennent d'ailleurs pour mieux nous piller.

Oh mon peuple réveillez-vous comme les autres nations qui résistent (la Russie, la Chine, les États arabes etc.)

Cela est confirmé dans les Saintes écritures que dans les derniers jours, les gens seront égoïstes :
2 Timothée 3: 1-2 "Sache que dans les derniers jours. Il y aura des temps difficiles. Car les hommes seront égoïstes, amis de l'argent, fanfarons, hautains, blasphémateurs, rebelles à leurs parents, ingrats, irréligieux".

L'ABOLITION DE LA MAISON UNIFAMILIALE ET DE LA VIE EN FAMILLE

A ma sœur et frère racheté, le Dieu Tout Puissant a créé des êtres humains "à son image" pour devenir finalement les membres de sa famille spirituelle, possédant son caractère. Les êtres humains sont donc une menace pour Satan car les élus, les véritables rachetés, ceux et celles qui obéissent à Dieu deviennent "rois et sacrificateurs pour Dieu et régneront sur la terre" : Apocalypses 5:10 "Tu as fait d'eux un royaume et des sacrificateurs pour notre Dieu et ils régneront sur la terre " C'est pourquoi j'appelle mon maître" Roi des rois". Ma sœur et mon frère racheté vous et moi nous allons ainsi remplacer Satan qui est actuellement "le prince de ce monde" : Jean 14: 30 "je ne parlerai plus guère avec vous, car le prince de ce monde vient. Il n'a rien en moi".
Voilà pourquoi nous sommes une menace pour l'actuel règne de Satan sur la terre entière. Je ne suis pas étonné quand quelqu'un déclare après mon message "que je reste catholique, musulman, kimbanguiste et autres pièges de Satan.
Donc pour détruire les êtres humains Satan doit détruire "l'éducation familiale et notre capacité à avoir les enfants". Donc l'option pour Satan est de détruire la famille humaine " Ainsi il s'adonne via ses esclaves à :

1. Détruire les liens d'amour entre un homme et son épouse ainsi que le désir naturel d'avoir des enfants,

2. Détruire le concept mariage et promouvoir le mariage homosexuel et tout ce que cela implique,

3. Promouvoir la sexualité à tout prix au lieu de réserver les rapports sexuels comme un élément du mariage,

4. Favorise la destruction des jeunes à travers les réseaux sociaux, les médias, les divertissements et autres plaisirs charnels, le phénomène enfants abandonnés et autres pratiques,

5. Détruire les systèmes éducatifs et favoriser les destructions méchantes de la jeunesse (abandon d'école, utilisation des drogues et alcools ainsi que des attitudes insensés, pervers et immoraux) et.

Dans mon pays la RDC la situation est catastrophique, plus de deux décennies de destruction massive des familles, des enfants et des jeunes. Satan utilise les dirigeants de ce monde pour atteindre son objectif, cas des dirigeants de la RDC mon pays, des hommes et des femmes insensibles en quête d'intérêt personnel et étranger.

Donc la maison unifamiliale considérée comme la fondation de toute civilisation est abolie et détruite pour que les êtres humains puissent persévérer dans la désobéissance envers le créateur et jetés avec Satan loin de Dieu éternellement. Voilà le genre d'hommes et de femmes qui seront dans le gouvernement mondial de L'Antichrist.

Que celui qui a des oreilles entende ce que L'Esprit dit aux Eglises

TROIS PERSONNES INTERVIENDRONT POUR DIRIGER LA TERRE A LA FIN DES TEMPS

A ma sœur et frère racheté, les sectes pernicieuses et les religions Antéchrists sont au service de trois personnages qui vont diriger le monde à la fin des temps.

Ces personnes sont présentées dans la Sainte Bible sous forme symbolique :

1. LE DRAGON

Le dragon qui est Satan : Apocalypse 12:3 -4 " un autre signe parût encore dans le ciel, et voici c'était un grand dragon rouge feu, ayant sept têtes et dix cornes et sur ses têtes sept diadèmes. Sa queue entraînant le tiers des étoiles du ciel et les j'étais sur la terre ". Apocalypse 12:9 " Et il fut précipité, le grand dragon, le serpent ancien, appelé le diable et Satan, celui qui séduit toute la terre, il fut précipité sur la terre et ses anges furent précipités avec lui " les étoiles du ciel entraînés sont les anges déchus avec lui.

2. LA BÊTE

La bête montant de la mer qui est L'Antichrist : Apocalypse 13:1 " Puis je vis monter de la mer une bête qui avait dix cornes et sept têtes, et sur ces cornes dix diadèmes, et sur ses têtes des noms de blasphème" Apocalypse 13: 5-8 " Et il lui fut donné une bouche qui proférait des paroles arrogantes et des blasphèmes, il lui fut donné le pouvoir d'agir pendant quarante- deux mois Et elle ouvrit sa bouche pour proférer des blasphèmes contre Dieu, pour blasphémer son nom, son tabernacle, et ceux qui habitent dans le ciel. Il lui fut donné de faire la guerre aux saints, et de les vaincre. Il lui fut donné autorité sur toute tribu, tout peuple toute langue, et toute nation. Et tous les habitants de la terre l'adoreront, ceux dont le nom n'a pas été écrit dans le livre de vie de l'agneau qui a été immolé dès la fondation du monde " Ma sœur et frère racheté, la mort du Christ notre Sauveur a définitivement scellé notre rédemption comme les élus de Dieu. L'Antichrist ne pourra jamais nous enlever le salut obtenu en croyant en Christ notre Sauveur.

3. LE FAUX PROPHÈTE

La bête montant de la terre qui est le faux prophète : Apocalypse 13:11 "Puis je vis monter de la terre une autre bête, qui avait deux cornes semblables à celles d'un agneau, et qui parlait comme un dragon". Apocalypse 13: 13-14 "Elle

opérait de grands prodiges, jusqu'à faire descendre du feu du ciel sur la terre a la vue des hommes. Et elle séduisait les habitants de la terre par les prodiges qu'il lui était donné d'opérer en présence de la bête, disant aux habitants de la terre de faire une image de la bête qui avait été blessées par l'épée et qui vivait "
Ma sœur et frère racheté, Satan est obligé d'utiliser cette stratégie des faux miracles pour convaincre nous voisines et voisins pris en otages dans l'occultisme, la magie, la sorcellerie, le satanisme et autres œuvres des ténèbres ainsi que le monde que L'Antichrist est plus fort que notre maître Dieu Sauveur et nous même les élus/ rachetés/Épouse/Eglise/ authentiques témoins de Dieu.
Que celui qui a des oreilles entende ce que L'Esprit dit aux Eglises.

LES VIERGES SAGES/L'EPOUSE RENCONTRE L'ÉPOUX DANS LES NUÉES PENDANT CE TEMPS LES VIERGES FOLLES ENTRENT DANS LE GOUVERNEMENT MONDIAL DE LEUR MAITRE SATAN

A ma sœur et frère racheté, avant le détail du processus qui conduit vers le gouvernement mondial de l'ennemi de notre Roi de la terre, l'Esprit de Dieu vous prévient de rester dans l'obéissance à Dieu comme vous êtes les vierges sages élus, ayez l'Esprit de DIEU en vous c'est lui qui vous permettra d'être soulevé vers les nuées à la rencontre de notre "Époux" Et au même moment les vierges insensés ou folles/les esclaves de Satan/les rebelles qui ont opté pour le bonheur éphémère des Illuminati, des occultistes, de la magie, de la sorcellerie, l'homosexualité, l'idolâtrie sous toutes ses formes, l'impureté, le plaisir de ce monde, les honneurs, les richesses et bien d'autres immoralité seront laisser en vue de vivre dans le gouvernement mondial de l'impie/ antichrist/ la bête institué par celui qu'ils ont servi : Luc 17: 30-36 "Il en sera de même le jour où le Fils de l'homme paraîtra. En ce jour-là, que celui qui sera sur le toit, et qui aura ses effets dans la maison, ne descende pas pour les prendre, et que celui qui sera dans les champs ne retourne pas non plus en arrière. Souvenez-vous de la femme de Lot. Celui qui cherchera à sauver sa vie la perdra, et celui qui la perdra la retrouvera. Je vous le dis, en cette nuit- là, de deux personnes qui seront dans un même lit, l'une sera prise et l'autre laissée, de deux femmes qui moudront ensemble, l'un sera prise et l'autre laissée. De deux hommes qui seront dans un champ, l'un sera pris et l'autre laissé". Et l'apôtre Mathieu 24: 40-42 vous invite à tenir ferme l'Esprit de Dieu en vous "Alors de deux hommes qui seront dans un champ, l'un sera pris et l'autre laissé, de deux femmes qui moudront à la meule, l'une sera prise et l'autre laissée. Veuillez donc, puisque vous ne savez pas quel jour votre Seigneur viendra". Notre Roi nous prévient également par l'exemple de Dix vierges Mathieu 25 : 8-9 "les folles dirent aux sages : donnez- nous de votre huile, car nos lampes s'éteignent. Les sages répondirent : Non il n'y en aurait pas assez pour nous et pour vous, allez plutôt chez ceux qui en vendent, et cherchez- en pour vous".

Chères voisines et voisins, les insensées/ les folles savaient qu'elles devaient avoir l'huile mais elles ont simplement remis à plutard, ne sachant pas que l'Epouse allait venir. Merci pour votre décision de se repentir et être rempli de l'Esprit de Dieu, indispensable pour rencontrer l'Epoux qui se trouve déjà à la porte.

Que celui qui a des oreilles entende ce que L'Esprit dit aux Eglises.

UN PETIT FILS D'UN CONGOLAIS COMME MOI SE FAIT ADORER ET FAIT ADORER L'EAU : GRAVES ABOMINATIONS

A ma sœur et frère racheté, le Dieu Sauveur avait invité les Samaritains à adorer " le Dieu créateur uniquement " : Jean 4: 20-24 " Nos pères ont adoré sur cette montagne, et vous dites, vous, que le lieu où il faut adorer est à Jérusalem. Femme, lui dit Jésus, crois- moi, l'heure vient où ce ne sera ni sur cette montagne ni à Jérusalem que vous adorerez le Père. Vous adorez ce que vous ne connaissez pas, nous, nous adorons ce que vous ne connaissez pas, nous adorons ce que nous connaissons, car le salut vient des juifs. Mais l'heure vient et elle est déjà venue, ou les vrais adorateurs adoreront le Père en esprit et en vérité. Car ce sont là les adorateurs que le Père demande. Dieu est Esprit, et il faut que ceux qui l'adorent l'adorent en esprit et en vérité ". C'est à dire avoir L'Esprit de Dieu et conduit par la vérité qu'est la Sainte Bible.

Malheureusement, un petit fils d'un congolais comme moi se fait " dieu saint esprit " dans sa nouvelle Jérusalem de Nkamba pendant que les rachetés, les élus dit l'Epouse attend l'Epoux qui arrive bientôt espère " des nouveaux cieux et une nouvelle terre ". Cet empire familial de Simon Kimbangu construit sa propre nouvelle Jérusalem dans laquelle des gens viennent de partout avec des bidons pour y prendre " l'eau de Nkamba qui délivre et porte bonheur.

Nous avons tous regardé la vidéo d'un célèbre catcheur de mon pays la RDC qui marche à genoux accompagné de son épouse vers " le dieu saint esprit", petit fils de Mfumu Kimbangu : qu'elles abominations !

Et comme si cela ne suffisait pas l'empire familial a rédigé ses propres Psaumes en concurrence avec la Saint Bible, véritable rébellion contre Dieu qui ne restera jamais impunie le jour du jugement de Dieu.

Que celui qui a des oreilles entende ce que L'Esprit dit aux Eglises.

WATCHTOWER/DITE KITAWALA EN RDC/LA TOUR DE GARDE / LA SOCIÉTÉ DES TÉMOINS DE JÉHOVAH : A FALSIFIE LA PAROLE DE DIEU

A ma sœur et frère racheté, Dieu ne permet jamais de modifier sa PAROLE : Deutéronome 4: 2 " Vous n'ajouterez rien à ce que je vous prescris, et vous n'en retrancherez rien, mais vous observerez les commandements de l'Éternel votre Dieu, tels que je vous les prescris "

Malheureusement le WATCHTOWER dites Société des Témoins de Jéhovah, un autre empire religieux très influent a commis l'abomination de falsifier la

Parole de Dieu et introduire une doctrine des démons qui nie la divinité de Christ de Nazareth se plaçant ainsi ennemi de Christ et sera anéanti par le Roi de la terre.

En effet, primo, cet empire de Satan a substitué le nom de " l'Éternel "par " " Jéhovah" et bien d'autres vérités bibliques en rapports avec Christ.

a. La traduction du monde nouveau de Watch Tower de 2 Samuel 24: 1 " la colère de JÉHOVAH s'enflamma de nouveau contre Israël quand on excita David contre eux en disant va dénombre Israël et Juda

b. La Sainte Bible : 2 Samuel 24:1 "La colère de L'ÉTERNEL s'enflamma de nouveau contre Israël, et il excita David contre eux en disant : va faire le dénombrement d'Israël et de Juda " C'est ainsi qu'ils se font appeler " Témoins de Jéhovah", un nom créer par eux-mêmes. Notre Père céleste est Dieu/ Eternel/ Seigneur et YAWHE.

a. Le nom de Dieu falsifié par leur version : 2 Timothée 2:19 " Cependant, le solide fondement de Dieu tient debout, portant ce sceau : Jéhovah connaît ceux qui lui appartiennent, et que tout homme qui nomme le nom de Jéhovah renonce à l'injustice "

La Sainte Bible : 2 Timothée 2:19 " Néanmoins, le solide fondement posé par Dieu subsiste, avec ces paroles qui lui servent de sceau : le Seigneur connaît ceux qui lui appartiennent, et quiconque prononce le nom du Seigneur, qu'il s'éloigne de l'iniquité "

Secondo, pour nier la divinité de Christ de Nazareth voici la falsification : Jean 1:1 " Au commencement la Parole était et la Parole était avec Dieu et la Parole était un " dieu"

La Sainte Bible : Jean 1:1 " Au commencement était la Parole, et la Parole était avec Dieu, et la Parole était Dieu "

- version de Watch Tower de Mathieu 27:40 " O toi qui voulais démolir le temple et le bâtir en trois jours, sauve toi, toi même si tu es " un fils de Dieu descend du poteau de supplice"

La Sainte Bible : Mathieu 27 :40 " En disant : Toi qui détruis le temple, et qui le rebâtis en trois jours, sauve- toi, toi-même même ! Si tu es " le Fils de Dieu", descends de la Croix"
Cet empire religieux qui détient la puissante imprimerie du monde a falsifié la Sainte Bible et distribue des fables qui n'ont rien de foi en Christ de Nazareth. D'ailleurs le vaillant Président Mobutu Seseseko du Zaïre le connaissant comme mouvement mystico- religieux l'avait interdit au Zaïre quand nous étions zaïrois.
Que celui qui a des oreilles entende ce que L'Esprit dit aux Eglises

LE ROI DE LA TERRE ARRIVE POUR DETRUIRE CET EMPIRE RELIGIEUX QUI NE LE RECONNAIT PAS COMME DIEU SAUVEUR

A ma sœur et frère racheté,
Si vous et moi reconnaissons Christ de Nazareth comme Dieu Sauveur, un empire religieux le qualifie de simple Prophète de Dieu et non Fils de Dieu, et que sa mort ne fut pas "une mort sacrificielle " Quelle abomination qui nécessite que la destruction devant Dieu ?
En effet, le Coran, un livre douteux affirme que " Dieu n'a point de fils " et recommande ainsi à ses otages de ne pas croire à un mensonge faisant " Christ de Nazareth Fils de Dieu "
Pour cet empire rebelle à Christ de Nazareth, ce dernier était un authentique prophète de Dieu sans être toute fois son Fils.
Ma sœur et frère racheté, bientôt le Roi de la terre arrive pour mettre hors d'état de nuire cet empire du mal très influent dans le monde qui ne reconnaît pas la " Véritable foi ".
Chères voisines et voisins, Christ de Nazareth est d'une même nature et d'une même essence que le " Père " : Jean 10:30 " Moi et mon Père nous sommes un " Christ de Nazareth est un Dieu incarné " Actes 20 : 28 - 30 " Prenez donc garde

à vous-mêmes, et à tout le troupeau sur laquelle le Saint Esprit vous a établis évêques, pour paître l'Eglise de Dieu, qu'il s'est acquise par son propre sang. Je sais qu'il s'introduira parmi vous, après mon départ, des loups cruels qui n'épargneront pas le troupeau et qu'il s'élèvera du milieu de vous des hommes qui enseignent des choses pernicieuses, pour entrainer les disciples après eux "
La Sainte Bible est claire, cet empire religieux n'est pas" l'Eglise de Dieu" et sera détruit.
Que Celui qui a des oreilles entende ce que L'Esprit dit aux Eglises.

CHRIST DE NAZARETH VIENT DÉTRUIRE BABYLONE LA GRANDE, LA MERE DES PROSTITUÉES ET DES ABOMINATIONS

A ma sœur et frère racheté,
Notre Dieu Sauveur arrive pour détruire l'empire mondial de la fausse religion : Apocalypse 17: 5 " Sur son front était écrit un nom, un mystère : Babylone la grande, la mère des prostituées et des abominations de la terre "
Une religion qui a trois traits caractéristiques :

1. BABYLONE LA GRANDE

Cette religion idolâtre a introduit des croyances et rites païennes de la ville antique de Babylone dans l'enseignement de Christ en enseignant des fables en lieu et place de la Sainte Bible et des doctrines qui déshonorent Dieu (culte aux morts, baptême de l'enfant, baptême par aspersion...)
En effet, la ville de Babylone est associée à l'idolâtrie, au faux Culte, à l'astrologie et à la divination pratiques propres à cet empire religieux très influent.

2. LA MÈRE DES PROSTITUÉES

Les congrégations, les confréries et différents ordres de cette mère apostate commettent l'immoralité spirituelle avec les princes, les rois et dirigeants des

nations de ce monde. Souvenez-vous que le fondateur des Illuminati qui dirige le monde, les têtes d'affiches de la franc maçonnerie et toutes les sciences occultes proviennent de ses communautés/confréries/congrégations/ordres et autres.
Une religion qui a sa magie et toutes les pratiques de leur maître.

3. **LA MÈRE DES ABOMINATIONS**

Deux graves abominations :
3.1. Une religion qui a poussé aux guerres de religion et croisades les plus meurtrières, responsable de millions de morts réalisées au nom de Dieu.
3.2. Une religion qui pousse à vénérer " une statue de Marie, une déesse de Babylone, la reine des cieux" en lieu et place de " L'unique Roi de la terre " Christ de Nazareth.
Or nul ignore la colère de Dieu et de Moïse sur son peuple Israël quand il avait adoré la statue de " veau d'or ", une colère qui avait poussé Moïse à briser même les dix commandements de l'Éternel.
Donc, ses mains couvertes de sang et représente l'idolâtrie insupportable devant Dieu. Ipso facto elle boira la coupe de vin de l'ardente colère de Dieu à son retour : Apocalypse 16: 19 " Et la grande ville fut divisée en trois parties, les villes des nations tombèrent et Dieu se souvint de Babylone la grande, pour lui donner la coupe du vin de son ardente colère "
Chères voisines et voisins que celui qui a des oreilles entende ce que L'Esprit dit aux Eglises.

NOTRE TROISIÈME LIVRE : TROIS ANS LA TERRE ÉCOUTE LA VOIX DU SEMEUR, aux éditions de la Croix du salut. Dans le cadre de la théologie appliquée. Vous souhaite une bonne lecture.

LE MONDE EST SPIRITUELLEMENT DIRIGE PAR UN SEUL PRINCE SATAN

A ma sœur et frère racheté, la Sainte Bible considère que le monde actuel est spirituellement un monde unique gouverné par" un seul prince Satan" nous l'avons démontré dans nos publications sur l'occultisme, les Illuminati et les dirigeants de ce monde, les sectes, les religions créés par lui qui ne proclame pas Christ de Nazareth. Psaumes 2 : 1-2 " Pourquoi ce tumulte parmi les nations, ces vaines pensées parmi les peuples ? Pourquoi les rois de la terre se soulèvent-ils Et les princes se liguent - ils avec eux contre l'Éternel et contre son oint ? "

Cette longue rébellion de faiseurs d'opinion de ce monde se terminera très bientôt avec le retour "du Roi de la terre", Christ de Nazareth, " l'oint du Seigneur" qui vaincra tous ces ennemis et établira son royaume messianique appartenant aussi à Dieu le Père : Luc 1:31-33 " Et Voici, tu deviendras enceinte, et tu enfanteras un fils, et tu lui donneras le nom de Jésus. Il sera grand et sera appelé fils du Très Haut, et le Seigneur Dieu lui donnera le trône de David, son Père "

L'apôtre Paul le souligne clairement dans 1 Corinthiens 15 22-25 " Et comme tous meurent en Adam, de même aussi tous revivront en Christ, mais chacun en son rang, Christ comme prémices, puis ceux qui appartiennent à Christ, lors de son avènement. Ensuite viendra la fin quand il remettra le royaume à celui qui est Dieu et Père, après avoir réduit à l'impuissance toute domination, toute autorité et toute puissance. Car il faut qu'il règne jusqu'à ce qu'il ait mis tous ses ennemis sous ses pieds "

Chères voisines et voisins quitter vite ses esclaves de Satan qui seront anéanti.

Que celui qui a des oreilles entende ce que L'Esprit dit aux Eglises.

LE ROI DE LA TERRE : CHRIST DE NAZARETH

A ma sœur et frère racheté, Christ de Nazareth, notre Sauveur est " LE ROI DE LA TERRE "

Cette vérité cachée à plusieurs voisines et voisins pris en otage par divers esclave de Satan a été révélée des milliers d'années par le sacrificateur Zacharie comme Jérémie et Ezéchiel. Zacharie débuta son ministère la deuxième année du règne de Darius 1er en 520 avant Jésus Christ : Zacharie 14: 9 " l'Éternel sera roi de toute la terre, En ce Jour- là. L'Éternel sera le seul Éternel, Et son nom sera le seul nom."

Chers voisines et voisins, le Roi de la terre que nous proclamons arrive pour régner éternellement avec ses rachetés qui l'ont accepté, remplis de l'Esprit de Dieu et conduit par la Sainte Bible : Romains 10: 9 " Si tu confesses de ta bouche le Seigneur Jésus, et si tu crois dans ton cœur que Dieu l'a ressuscité des morts, tu seras sauvé "

Que celui qui a des oreilles entende ce que L'Esprit dit aux Eglises

BIENTOT VOUS REVÊTEZ UN CORPS CÉLESTE ET ÉTERNEL

A ma sœur et frère racheté, réjouissez-vous, bientôt vous revêtez un corps céleste.

L'apôtre Paul nous prévient que le corps physique qui nous pousse vers le péché sera détruit incessamment : 2 Corinthiens 1:1-4 " Nous savons, en effet, que si cette tente ou nous habitons sur terre est détruite, nous avons dans le ciel un édifice qui est l'ouvrage de Dieu, une demeure éternelle qui n'a pas été faite de main d'homme. Aussi gémissons- nous dans cette tente, désirant, revêtir notre domicile céleste, si du moins nous sommes trouvés vêtus et non nus. Car tandis que nous sommes dans cette tente, nous gémissons, accablés, parce que nous voulons, non pas nous dépouiller, mais nous revêtir, afin que ce qui est mortel soit englouti par la vie."

Chers voisines et voisins notre existence terrestre est comparable à une tente, en ce qu'elle est fragile, vulnérable et humble en comparaison aux immeubles modernes qui sont durables. Décidez maintenant de se faire " héritier (e) de ce corps nouveau qui arrive bientôt lors de la résurrection des rachetés.
La Sainte Bible confirme qu'a la résurrection de Jésus de Nazareth, notre maître est ressuscité avec un corps glorieux qu'il nous revêtira à son retour. Il arrive bientôt avec une demeure éternelle de l'âme de quiconque qui a cru à lui et s'est comporter en conséquence c'est à dire un racheté (e) qui a refusé la marque de Satan dans sa vie à savoir : l'occultisme la magie, la sorcellerie, les dérives sexuelles, la convoitise, les mensonges des esclaves de Satan et autres pratiques sataniques. Bref, une rébellion contre Dieu au profit de l'ennemi de Dieu " Satan".
Sachez bien Chers voisines et voisins, ce corps glorifié n'appartient pas par définition, à la création actuelle mais sera accordé qu'aux seuls racheté (es) qui vaincrons le monde et ses tentations le jour J qui arrive
Que celui qui a des oreilles entende ce que L'Esprit dit aux Eglises.

LE RENOUVELLEMENT DE TOUTES CHOSES ARRIVE

A ma sœur et frère racheté,
La Sainte Bible déclare que tout sur la terre est passager et le créateur arrive pour tout renouveler : Matthieu 19:28- 30 " Jésus leur répondit : je vous le dis en vérité, quand le Fils de l'homme au renouvellement de toutes choses sera assis sur le trône de sa gloire, vous qui m'avez suivi, vous serez de même assis sur douze trônes, et vous jugerez les douze tribus d'Israël. Et quiconque aura quitté à cause de mon nom, ses frères, ou ses sœurs, ou son père, ou sa mère ou sa femme ou ses enfants, ou ses terres, ou ses maisons, recevra le centuple et héritera la vie éternelle. Plusieurs des premiers seront les derniers, et plusieurs des derniers seront les premiers."

Chers voisines et voisins, Christ de Nazareth fait allusion à son royaume qui arrive dans lequel les rachetés, qui ont accepté de souffrir avec lui siégeront avec leur maître, le Roi des rois et Seigneur des seigneurs.
Il vous demande de quitter la sorcellerie, la magie, l'occultisme, le plaisir du corps, ces loges, ces dojos ces confréries, ces sectes pernicieuses et religions occultes dans lequel l'on vous lave le cerveau et vous maintiennent en dehors de Dieu. C'est ça l'enfer (vivre éternellement en dehors de Dieu) pendant que nous qui se sont repentis, remplis par L'Esprit de Dieu et conduit par la Sainte Bible nous sommes avec lui partout où il sera C'est ça la vie éternelle (vivre éternellement avec Dieu)
Que celui qui a des oreilles entende ce que L'Esprit dit aux Eglises.

LES HERITIERS DES RICHESSES ETERNELLES DU ROYAUME QUI ARRIVE

A ma sœur et frère racheté,
Souffrez avec notre Christ de Nazareth en s'abstenant des péchés.
N'enviez en aucun cas la prospérité passagère des occultistes, les Illuminati, les magiciens les sorciers les marabouts, les affairistes meurtriers, égoïstes, les croyants des chefs religieux et statue, les personnalités et autres esclaves de Satan.
Soyons au contraire rempli de l'Esprit de Dieu et conduit par la Sainte Bible, marchons dans la sainteté comme rachetés par le sang de notre Seigneur car vous et moi sommes HERITIERS DES RICHESSES ETERNELLES avec Le Roi des rois et Seigneur des seigneurs qui arrive bientôt.
Ma sœur et frère racheté, nous aurons un corps spirituel ce jour de notre enlèvement et l'assisterons comme sacrificateurs dans son règne de mille ans. Apocalypse 1, 5-8 " Et de la part de Jésus Christ, le témoin, le témoin fidèle, le premier-né des morts et le prince des rois de la terre ! A Celui qui nous aime,

qui nous a délivrés de nos péchés par son sang, et qui a fait de nous un royaume des sacrificateurs pour Dieu son Père, à lui soient la gloire et la puissance aux siècles des siècles ! Amen ! Voici, il vient avec les nuées. Et tout œil le verra, même ceux qui l'ont percé, et toutes les tribus de la terre se lamenteront à cause de lui. Oui. Amen. Je suis l'alpha et l'oméga, dit le Seigneur Dieu, celui qui est, qui était, et qui vient, le Tout - Puissant.
L'apôtre Paul l'a bien dit : 1 Corinthiens 15 : 42 - 44" Ainsi en est- ile de la résurrection des morts. Le corps est semé corruptible. Il ressuscite incorruptible, il est semé méprisable, il ressuscite glorieux, il est semé infirme, il ressuscite plein de force, il est semé corps naturel, il ressuscite corps spirituel"
Chers voisines et voisins, C'est aujourd'hui que vous semez votre corps en Christ en vue d'obtenir ce jour-là le corps spirituel et glorieux. N'attendez pas s'il vous plaît la messe d'un quelconque clergé le jour de votre mort. Ça sera déjà trop tard. Semez maintenant votre corps en se tournant vers Christ de Nazareth et dire au revoir aux esclaves de Satan qui prennent nombreuses personnes en otage.
Que celui qui a des oreilles entende ce que L'Esprit dit aux Eglises.

LA VIE ÉTERNELLE DANS LE ROYAUME DE DIEU : LE SALUT

A ma sœur et frère racheté, le salut " est la transformation d'un être humain charnel et mortel en une fille / fils immortel de Dieu ".
Membres de la famille de Dieu, les rachetés de Christ entreront dans le royaume qui arrive partageant " la nature divine de Dieu pour toute l'éternité " 1 Jean 3: 1- 2 " Voyez quel amour le Père nous a témoigné, pour que nous soyons appelés enfants de Dieu ! Et nous le sommes. Si le monde ne nous connaît pas, c'est qu'il ne l'a pas connu.

Bien- aimés nous sommes maintenant enfants de Dieu, est-ce que nous serons n'a pas encore été manifesté, mais nous savons que, lorsqu'il paraîtra, nous serons semblables à lui, parce que nous le verrons tel qu'il est ".

Ma sœur et frère racheté, nous sommes héritiers de Dieu : Romains 8: 16-17 " L'Esprit lui-même rend témoignage à notre esprit que nous sommes enfants de Dieu. Or si nous sommes enfants, nous sommes aussi héritiers : héritiers de Dieu et co- héritiers de Christ, si toutefois nous souffrons avec lui, afin d'être glorifiés avec lui.

Ma sœur et frère racheté, souffrait avec Christ et non persévérez dans l'occultisme, la sorcellerie, la magie, la convoitise charnelle, l'idolâtrie d'une statue, des hommes comme vous, des lieux saints comme " La Mecque ", les honneurs, richesses et autres pratiques immorales.

Notre récompense d'enfants de Dieu sera accordée au moment de la résurrection des morts au retour de Christ notre espérance :

1 Corinthiens 15: 51 - 52 " Voici, je vous dis un mystère : nous ne mourrons pas tous, mais tous nous serons changés, en un instant, en un clin d'œil, à la dernière trompette. La trompette sonnera, et les morts ressusciteront incorruptibles, et nous, nous serons changés"

Chers voisines et voisins, le royaume du monde sera "remis à notre Christ comme " Roi des rois et Seigneur des seigneurs" : Apocalypse 11:15 " Le septième ange sonna de la trompette, Et il y eut dans le ciel de fortes voix qui disaient : Le royaume du monde est remis à notre Seigneur et à son Christ, et il régnera aux siècles de siècles "

Tous les rachetés entreront dans le royaume et assisteront Christ pendant son règne de mille ans sur la terre, Apocalypse 20 : 4 -6 " Et je vis des trônes, et à ceux qui s'y assirent fut donné le pouvoir de juger. Et je vis les âmes de ceux qui avaient été décapités à cause du témoignage de Jésus et à cause de la Parole de Dieu, et de ceux qui n'avaient pas adoré la bête ni son image, et qui n'avaient pas reçu la marque sur leur front et sur leur main. Ils revinrent à la vie et ils régnèrent avec Christ pendant mille ans. Les autres morts ne revinrent point à la vie jusqu'à ce que les mille ans soient accomplis. C'est la première résurrection" Que Celui qui a des oreilles entende ce que L'Esprit dit aux Eglises

LA PAROLE DE DIEU C'EST UNE PUISSANCE QUI SAUVE

A ma sœur et frère racheté,
En dehors de la Parole de Dieu il n'y a pas de vie éternelle dans le royaume qui arrive : Romains 1:16- 17 " Car je n'ai point honte de l'évangile : C'est une puissance de Dieu pour le salut de quiconque croît, du juif premièrement, puis du Grec, parce qu'en lui est révélée la justice de Dieu par la foi et pour la foi, selon qu'il est écrit : le Juste vivra par la foi "
Chères voisines et voisins la foi vient de la Parole de Christ, les fables, les messages et les livres douteux qui viennent des esclaves de Satan n'ont rien de la foi c'est uniquement " la croyance". C'est pour cela que " vous êtes leurs croyants ".
Votre sort est connu, vous avez choisi le chemin de la perdition éternelle en dehors de Dieu.
Que celui qui a les oreilles attendent ce que L'Esprit dit aux Eglises.

ENTREZ ET DEMEUREZ DANS LE ROYAUME DE CHRIST ET NON RESTEZ MEMBRE DE VOTRE RELIGION

A ma sœur et frère racheté, Christ de Nazareth n'est pas mort pour une religion mais plutôt pour son " Église" c'est à dire pour un homme/ femme qui par la grâce écoute la Parole de Christ, se tourne vers lui par la repentance de ses péchés et cela permet alors à Dieu de venir habiter en lui/elle.
C'est pour cette raison que l'Apôtre Paul rappel aux 1 Corinthiens 3: 16 " Ne savez- vous pas que vous êtes le temple de Dieu, et que L'Esprit de Dieu habite

en vous ? Si quelqu'un détruit le temple de Dieu, Dieu le détruira car le temple de Dieu est Saint et c'est ce que vous êtes "

Chers voisines et voisins être fidèle d'une religion ne vous fait pas fille et fils du royaume de Christ qui arrive.

Ma sœur et frère racheté, les racheté (es) sont individuellement et collectivement temple de Dieu qui doivent rester purs et saints dans le cœur et dans le comportement.

Car Dieu n'habite point dans des temples faits par ces esclaves de Satan qui travaillent pour les honneurs et leurs ventres : Actes 17:24 " Le Dieu qui a fait le monde et tout ce qui s'y trouve, étant le Seigneur du ciel et de la terre n'habite point dans ces temples faits de main d'homme "

Christ n'a pas laissé une religion mais il reste la tête de son Église et quiconque le reçoit dans son cœur devient membre de son Église.

Ne vous contentez pas d'être fidèle catholique, protestant, kimbanguiste, musulman, branhamiste, bahai, adventiste, témoin de Jéhovah, saints des derniers jours (mormons) et autres sectes et religions.

Soyez membre du royaume de Christ qui arrive bientôt.

LE CHEMIN ET LE ROI D'UN ROYAUME TERRESTRE

A ma sœur et frère racheté,

La Bonne Nouvelle du royaume nous édifie sur le message que Dieu avait révélé des siècles auparavant à travers les prophètes bibliques : Dieu inspira ces prophètes à écrire au sujet d'un futur Gouvernement mondial, un royaume littéral dans lequel Christ de Nazareth administrera "la loi de Dieu et son mode de vie " C'est à dire une façon de vivre qui apportera paix et prospérité à l'humanité par rapport à ce faux gouvernement mondial des Nations Unies dirigé par les Illuminait pour faire souffrir les autres êtres au nom d'un nouvel ordre mondial.

Selon Daniel 7:13-14, il s'agit d'un gouvernement à venir sous la direction de Christ de Nazareth qui régnera sur tous les peuples de la terre.
Ma sœur et frère racheté, les gouvernements corrompus de l'humanité seront tous dissouts : Daniel 2 : 44 " Dans le temps de ces rois, le Dieu des cieux suscitera un royaume qui ne sera jamais détruit et qui ne passera point sous la domination d'un autre peuple, il brisera et anéantira tous ces royaumes- là, et lui-même subsistera éternellement "
Le prophète Essaie fut aussi inspiré pour écrire : Essaie 9 : 6 - 7 " Car un enfant nous est né, un fils nous est donné Et la domination reposera sur son épaule, on l'appellera Admirable Conseiller, Dieu Puissant, Père éternel, Prince de la paix. Donner à l'empire de l'accroissement, Et une paix sans fin au trône de David et à son royaume, l'affermir et le soutenir par le droit et par la justice, Dès maintenant et à toujours : voilà ce que fera le zèle de l'Éternel des armées “. Bref la terre sera remplie de la connaissance de l'Éternel (Essaie 11: 9)
Ma sœur et frère racheté, notre maître Christ de Nazareth apportera une véritable paix mondiale
Êtes- vous racheté (e) de son futur royaume ?

LE DIEU VIVANT EST DANS SA PAROLE ET VEUILLE POUR L'ACCOMPLIR

A ma sœur et frère racheté, le Dieu Vivant veuille pour accomplir sa Parole : Jérémie 1: 11 - 12 " La Parole de l'Éternel me fut adressée en ces mots : Que vois- tu, Jérémie ? Je répondu : je vois une branche d'amande. Et l'Éternel me dit : Tu as bien vu, car je veuille sur ma Parole pour l'exécuter “. C'est pour cette raison que l'apôtre Paul écrit aux Romains 10: 17 : Ainsi la foi vient de ce qu'on entend et ce qu'on entend vient de la Parole de Christ "
Chères voisines et voisins la foi vient de l'audition et l'audition se produit par " La Parole de Christ " C'est à dire par l'enseignement de Christ.

Ma sœur et frère racheté, seule l'enseignement de Christ donne la foi et sauve. Les autres fables des livres douteux élaborés par les esclaves de Satan ne peuvent pas donner la foi qui sauve. Ces usurpateurs fondateurs des sectes pernicieuses et religions occultes travaillent pour les honneurs et leurs ventres. Que celui qui a des oreilles entende ce que L'Esprit dit aux Eglises.

LE PAIN DE DIEU C'EST CELUI QUI DESCEND DU CIEL ET QUI DONNE LA VIE AU MONDE

A ma sœur et frère racheté,

Les Saintes écritures déclarent que le pain de Dieu est "sa Parole", ce pain qui nous donne la vie : Jean 6 : 33 "Car le pain de Dieu C'est celui qui descend du ciel et qui donne la vie au monde".

Ma sœur et frère racheté, Dieu lui-même est la vie, la vie de Dieu se réfère à sa Parole.

Ainsi, Dieu nous donne sa Parole pour que nous puissions suivre le chemin qui conduit vers lui qu'est " Christ de Nazareth".

Malheureusement, les esclaves de Satan au lieu de lire et garder la Parole du Dieu Vivant dans la sanctification tiennent à tout prix à continuer dans le mensonge de leur maître.

Ma sœur et frère racheté, notre maître Christ de Nazareth nous exhorte ce matin non pour la nourriture pour le corps qui périt, mais pour celle qui subsiste pour " la vie éternelle".

Ne Soyez pas esclave de Satan à cause d'une jeep, des immeubles, d'une promotion, des honneurs passagers, de la richesse et du plaisir du corps tout en vous maintenant dans la sorcellerie, magie, occultisme, convoitise et autres pratiques sataniques.

Mangez le pain de Dieu " La Sainte Bible " : Jean 6: 27 " Travaillez, non pour la nourriture qui périt, mais pour celle qui subsiste pour la vie éternelle et que le

Fils de l'homme vous donnera, car C'est lui que le Père, que Dieu a marqué de son sceau.

Fuyez les autres usurpateurs et attachez-vous à Christ de Nazareth, qui est la Parole descendue du Ciel.

Que celui qui a des oreilles entende ce que L'Esprit dit aux Eglises.

LA BONNE NOUVELLE DU ROYAUME DE CHRIST

A ma sœur et frère racheté,

La Sainte Bible est une carte qui nous montre "Le chemin de vie : Psaumes 119 : 19 " Je suis un étranger sur la terre. Ne me cache pas tes commandements".

La Sainte Bible donne de la sagesse : Psaumes 119 : 99 "Je suis plus instruit que tous mes maîtres, car tes préceptes sont l'objet de ma méditation".

La Sainte Bible offre son aide quand la suite devient obscure : Psaumes 119 : 105 "Ta Parole est une lampe à mes pieds, Et une lumière sur mon sentier".

La Sainte Bible nous présente "Christ de Nazareth" : Hébreux 1 : 1-2 " Après avoir autrefois, à plusieurs reprises et de plusieurs manières, parlé à nos pères par le prophète, Dieu dans ces derniers temps, nous a parlé par le Fils, il l'a établi héritier de toutes choses, par lui il a aussi créé l'univers "

Ma sœur et mon frère racheté, Dieu est la source de la Sainte Bible : Timothée 3: 16 " Et sans contredit, le mystère de la piété reste grand : Dieu a été manifesté en chair, justifié par l'Esprit, vu des anges, prêché aux nations, cru dans le monde, élevé dans la gloire "

La Sainte Bible a été rédigé dans le but de nous donner l'espérance de voir un jour " La Gloire de Dieu " Romains 15:4 " Or tout ce qui a été écrit d'avance l'a été pour notre instruction, afin que, par la patience, et par la consolation que donnent les Écritures, nous possédions l'espérance.

La Sainte Bible nous transmet les commandements de Dieu : Mathieu 5: 18 " Car, je vous le dis en vérité, tant que le ciel et la terre ne passeront point il ne disparaîtra pas de la loi un seul iota ou un seul trait de lettre, jusqu'à ce que tout soit arrivé "

Chers voisines et voisins est "heureux "que le" RACHETÉ (E) celle où celui qui écoute la "Parole de Christ et qui la garde : Luc 11: 28 : Et il répondit: heureux plutôt ceux qui écoutent la parole de Dieu, et qui la gardent ".

QUE LA PAROLE DE CHRIST HABITE PARMI VOUS ABONDAMMENT

A ma sœur et frère racheté,

La voisine et voisin esclave de Satan détruit au quotidien son esprit et son âme dans les loges, dojos, clubs, ordres, confréries, cultes sataniques, sectes pernicieuses, religions occultes et autres temples de Satan dans le monde.

Vous et moi, élus du Roi des rois et Seigneur des seigneurs (Christ de Nazareth) la parole de Christ doit demeurer en nous dans toute sa richesse : Colossiens 3:16 " Que la Parole de Christ habite parmi vous abondamment, instruisez- vous et exhortez- vous les uns les autres en toute sagesse, par des Psaumes, par des Hymnes, par des cantiques spirituels chantant à Dieu dans vos cœurs sous l'inspiration de la grâce "

Ma sœur et frère racheté, pour demeurer dans le Christ il faut demeurer dans sa Parole. Il faut prendre du temps pour accueillir la Parole de Christ qu'est la Bonne Nouvelle/ La Sainte Bible/ le Logos Rhema et non se contenter de réciter les fables de la philosophie et pensée humaine des agents de Satan.

Sommes invité à écouter la Parole, la mettre en pratique, agir selon ce que dit la Parole de Christ en vue de permettre la Parole de toucher notre vie intérieure et d'y demeurer par l'action de l'Esprit de Dieu.

C'est cette Parole qui permet de gagner toutes les tentations de l'ennemi Satan.

Notre maître avait utilisé la parole lors de sa tentation face à Satan. " Il écrit "

Ayez la Parole de Christ abondamment en vous pour arrêter toutes les tentations des esclaves de Satan.

REPENTEZ VOUS ET CROYEZ A LA BONNE NOUVELLE

A ma sœur et frère racheté,

Notre maître Christ de Nazareth déclare : Marc 1: 15 " Il disait : Le temps est accompli, et le royaume de Dieu est proche. Repentez- vous, et croyez à la bonne nouvelle."

Christ de Nazareth revient pour prendre ses rachetés càd ceux et celles qui croient à la Bonne Nouvelle de son royaume.

Chers voisines et voisins le mot" évangile " que ces sectes et religions occultes vous ont caché signifie " " Bonne Nouvelle " Dieu accorde un pardon immédiat, complet et définitif à quiconque croît cette " Bonne Nouvelle " C'est cela croire au Seigneur Christ de Nazareth ou " croire à l'évangile : Actes 10: 43 " Tous les prophètes rendent de lui le témoignage que quiconque croît en lui reçoit par son nom le pardon des péchés"

Ma sœur et frère racheté, Satan qui nous trompe n'a rien créé dans le monde. Lui-même est une créature de Dieu, notre Père Céleste qui n'a d'ailleurs pas été créé à l'image de Dieu comme l'homme et la femme que vous êtes.

Les loges, les ordres, les confréries, les clubs, les Dojos, les talysmans mystiques, des sorciers, magiciens, les messages de richesse des Illuminati, satanistes, les marabouts et tous les occultistes sont esclaves de Satan avec comme mission la recherche d'esclaves pour apaiser la soif des esprits impurs qui les a asservis.

Dieu a mis à la disposition de tout être humain, le fait de " prendre conscience de son état moral " qui l'avertit des conséquences inévitables de ses péchés. Par son amour il offre aussi " Le seul moyen pour échapper au jugement, CROIRE EN CHRIST DE NAZARETH "

Cher (es) voisines et voisins, il est impératif de se repentir car le jugement arrive : Actes 17: 30 -31 " Dieu sans tenir compte des temps d'ignorance, annonce maintenant à tous les hommes, en tous lieux, qu'il a fixé un jour où il jugera le monde selon la justice, par l'homme qu'il a désigné (Christ de Nazareth), ce dont il a donné à tous une preuve certaine en le ressuscitant des morts "

Repentons-nous, Christ de Nazareth revient

LA PORTE LARGE ET CHEMIN SPACIEUX QUI MÈNE VERS LA PERDITION : LES ANTÉCHRIST

A ma sœur et frère racheté, réjouissez-vous de votre meilleur choix de suivre la porte étroite et le chemin resserré qu'est Christ de Nazareth. Car plusieurs voisines et voisins ont choisis de persévérez dans la sorcellerie, la magie, le satanisme, l'occultisme, l'orgueil de la vie et autres plaisirs de la chair qui est une désobéissance à Dieu, une rébellion contre le créateur en optant d'entrer par la porte spacieuse/ large ouverte par Satan via ses sectes pernicieuses, religions occultes et autres pratiques des ténèbres que L'Esprit de Dieu est en train de révéler : Mathieu 7 : 13: 16 " Entrez par la porte étroite, Car large est la porte, spacieux est le chemin qui mènent à la perdition, et il y en a beaucoup qui entrent par là. Mais étroite est la porte, resserré le chemin qui mènent à la vie, et il y a peu qui les trouvent.

Ma sœur et mon frère, félicitation pour vous qui trouve la porte étroite et le chemin resserré "qu'est Christ de Nazareth". Un bon choix de refuser le chemin de Satan qui mène à la destruction de votre esprit et âme. Efforcez-vous de demeurer fils et filles de Dieu : Romains 8: 13 " Si vous vivez selon la chair, vous mourrez, mais si par l'Esprit vous faites mourir les actions du corps, vous vivrez ", Jacques 4 : 4 " Adultères que vous êtes ! Ne savez-vous pas que l'amour du monde est inimitié contre Dieu ? Celui donc qui veut être ami du monde se rend ennemi de Dieu ", 1 Jean 2:15 " N'aimez pas le monde ni les choses qui sont dans le monde. Si quelqu'un aime le monde, l'amour du Père n'est pas en lui " et Jean 5 : 43 " Je suis venu au nom de mon Père et vous ne me recevez pas, si un autre vient en son propre nom, vous le recevrez " Notre maître fait allusion à Satan, le trompeur de plusieurs voisines et voisins. Cher (es) racheté (es) notre maître nous recommande de s'efforcer à se repentir, vivre au quotidien selon sa Parole sous la conduite de l'Esprit de Dieu c'est la porte étroite et chemin resserré qui mènent à Dieu dans l'éternité.

LE COLONISATEUR (ROME) CACHE L'UNIQUE VERITE DU COLONISÉ (ISRAËL)

A ma sœur et frère racheté,

Dieu, créateur a choisi " Israël" pour concrétiser son plan de sa réconciliation avec l'homme et la femme trompé par Satan. Il existe une seule porte, un chemin et une seule destinée " Christ de Nazareth "

Malheureusement, Rome a caché la vérité à plusieurs voisines et voisins et cela à partir du 9eme siècle donc, 900 ans après Jésus Christ en instituant la Vierge Marie " Reine des cieux" médiatrice/ intercesseur auprès de Dieu. Si Marie est intercesseur, notre Maître, le Messie est l'unique porte étroite : Luc 13:23 -24 " Quelqu'un lui dit : Seigneur, n'y a-t-il que peu de gens qui soient sauvés ? Il leur répondit : Efforcez-vous d'entrer par la porte étroite. Car je vous le dis, beaucoup chercheront à entrer, et ne le pourront pas " Avant cela au 5ème siècle, Rome avec son catholicisme interdit la Sainte Bible des mains du peuple. Or nous l'avons vu " la Bible est l'unique vérité" : Jean 17:17 " Sanctifie- les par ta vérité : ta Parole est la vérité " En lieu et place, Rome ajoute dogmes, cérémonies et traditions parfois païennes en vue "d'altérer l'évangile de Christ ". C'est la prière pour les morts, les indulgences, le purgatoire, le culte des reliques, le chapelet pour le culte de Marie, le catéchisme, les Rosaires et bien d'autres pratiques n'ayant pas de fondements dans les Saintes écritures. Ci-dessous les documents limitant les voisines et voisins de l'accès à la lecture de la " VÉRITÉ " qu'est le Logos Rhéa / La Sainte Bible :

1. Les canons du Concile de Toulouse en 1229. Le Canon 14 interdit aux laïcs la lecture et la possession de la Bible,
2. Le Concile de Constance (1414 - 1418) lors de ce Concile eut lieu le procès et la condamnation pour hérésie de plusieurs réformateurs comme John Wyclif, Jan Hus et autres braves.
3. La Constitution " Dominici Gregis Custodiare" en Avril 1546, le Concile de Trente impose l'usage de la version latine dite " vulgata" et Dominici Gregis Custodiare du 24 Mars 1564, le Pape Pie IV prohibe les versions de la Bible en langues vulgaires
4. L'index librorum prohibitorum, l'index des livres interdits du Concile de Trente (1546 - 1563), il s'agit d'une liste d'ouvrages que les catholiques romains n'étaient pas autorisés à lire dont la " Sainte Bible "
5. L'encyclique " Qui Pluribus " du Pape Pie IX (1846) cette lettre du Pape condamne des " Perfides " Sociétés bibliques qui vulgarisaient les Saintes écritures.

Ma sœur et mon frère racheté, la Sainte Bible a été remplacée par les fables et « l'idole de Marie » a remplacé le Sauveur et Seigneur unique médiateur.

Que Celui qui a des oreilles entende ce que L'Esprit dit aux Eglises

CHRIST DE NAZARETH : UNIQUE VERITE

A ma sœur et frère racheté,

Un usurpateur (l'islam) affirme que le Coran est une vérité. S'il est une vérité, la PAROLE DE DIEU est “la VÉRITÉ" : Jean 17:17 " Sanctifie- les par ta vérité : ta Parole est la vérité " cela est l'intercession de notre Maître auprès du Père.

Chères voisines et voisins, cette vérité s'est faite chair en la personne de Christ de Nazareth : Jean 1:1-4 " Au commencement était la parole et la Parole était avec Dieu, et la Parole était Dieu.Elle était au commencement avec Dieu. Toutes choses ont été faites par elle et rien de ce qui était n'a été sans elle. En elle était là vie et la vie était la lumière des hommes " voilà " la Parole de la foi ". C'est pourquoi notre Messie Christ déclare qu'il est "La vérité "

Dans Jean 14: 6 " Jésus lui dit : je suis le chemin, la vérité, et la vie. Nul ne vient au Père que par moi ".

Alors quelle vérité parle encore le Coran vu que " LA VERITE" est déjà venue bien des siècles avant la naissance de " MOHAMMED " qui a reçu d'un fameux ange un livre douteux appelé " le Coran" ?.

Ma sœur et mon frère racheté, sous l'impulsion de leur maître" Satan" tous les Antéchrists ont fait passer toutes sortes d'idée, de pensée comme vérité et prennent ainsi en otage plusieurs âmes. En ce jour, la Sainte Bible vous invite à échapper ces fables des êtres humains et basculer vers la volonté de notre Père qui est aux cieux. Renoncer aux mensonges et aux pratiques sataniques pour apprendre " la Parole de Dieu qu'est la vérité " qui vous libere de la philosophie et de la pensée humaine des agents de Satan au sein de leurs multiples systèmes sans "Dieu Vivant" à savoir " les religions" : Jean 8: 31-32 " Comme Jésus parlait ainsi, plusieurs crurent en lui. Et il dit aux Juifs qui avaient Cru en lui : Si vous demeurez dans ma parole, vous êtes vraiment mes disciples, vous connaîtrez la vérité et la vérité vous rendra libre. » Ce sont les conditions auxquelles votre foi devra répondre pour mener une vraie vie de foi " s'attacher à l'enseignement de Christ de Nazareth, demeurer en lui pour connaître la vérité et par elle, la vraie liberté. La Parole de Dieu vous rend libre en vous ramenant à Dieu qui est votre destination.

Que Celui qui a des oreilles entende ce que L'Esprit dit aux Eglises.

NÉCROLOGIE

Cher frère et sœur,
Mon épouse Yvonne KABARA MUGOBE et moi-même avons le regret d'annoncer la mort à Lubumbashi ce jour 26 juillet 2021 à 15 heures du Professeur Ordinaire, Docteur Isidore WAKENGE BULAMBO, mari de la défunte belle-sœur Aimée MULYANGA, fille aînée de notre défunt papa MULYANGA MUGOBE KABUMBANYUNGU, Député honoraire du territoire de Mwenga, Sud Kivu.
Dieu nous a donné et vient de reprendre.
Que son nom soit loué.

Pasteur Jules LWESSO KISALIMA

OR, SANS LA FOI IL EST IMPOSSIBLE D'ETRE AGREABLE AU DIEU VIVANT

A ma sœur et frère racheté,
Jusqu'où allez -vous tromper vous-même ?
Les Saintes écritures déclarent : Hébreux 11:6 " Or, sans la foi, il est impossible de lui être agréable, car il faut que celui qui s'approche de Dieu croie que Dieu existe, et qu'il est le rémunérateur de ceux qui le cherchent "
Qu'est-ce que la foi ?
Les occultistes, les magiciens, les sorciers, les adorateurs de la statue de Marie, les adorateurs des hommes et femmes envoyés spéciaux et autres fanatiques des Antéchrists remplissent les religions au service de Satan. Or la foi est l'attitude par laquelle, l'être humain abandonne toute confiance en ses propres efforts pour le salut. C'est l'attitude d'un racheté (e) qui place complètement sa confiance en Christ de Nazareth, comptant sur lui seul pour tout ce qui signifie " le salut. »
La foi est l'unique moyen par laquelle les êtres humains reçoivent le salut.

Chers voisines et voisins c'est difficile de servir deux maîtres Satan et l'homme de Nazareth, vous êtes dans les confréries, les ordres, les loges, les dojos et autres voies des ténèbres dans lesquels on est en train de vous l'avez les cerveaux (détruire votre âme) et prétendre avoir la foi parce-que vous êtes dans une religion ? Impossible, non et non.

Actes 16:30 "Il les fit sortir, et dit : Seigneurs, que faut-il que je fasse pour être sauvé ?".

Ici le geôlier de Philippes demanda à Paul et Silas "Que dois- je faire pour être sauvé ?" Ils répondirent sans hésitation "Crois au Seigneur Jésus Christ de Nazareth et tu seras sauvé".

Ma sœur et frère racheté sans le Fils de l'homme dans votre cœur vous ne pouvez pas être agréable à Dieu.

Seul le racheté (e) qui place sa confiance en Christ, le Roi des rois et Seigneur des seigneurs a la vie éternelle (Jean 3:16)

Si vous croyez qu'il est le Dieu des blancs, il impossible pour vous d'avoir la foi car C'est lui " La Parole de la foi ". Les samaritains sont restés avec lui pendant deux jours et ils étaient nombreux à croire à cause de sa Parole : Jean 4:41 "Un beaucoup plus grand nombre crurent à cause de sa Parole".

Chers voisines et voisins le nom d'Allah, de la vierge Marie, de Mfumu KIMBANGU, Jéhovah, William Brahanam, Bouddha, SU, BAPHOMET et autres usurpateurs ne sauve pas.

Seul le nom de Christ de Nazareth accorde le salut d'une âme.

Que celui qui a les oreilles entende ce que l'Esprit dit aux Eglises

LA FOI VIENT EN ÉCOUTANT UNIQUEMENT LA PAROLE DU DIEU VIVANT ET NON LES FABLES D'ANTECHRISTS

A ma sœur et frère racheté,

La Sainte Bible / Le Logos Rhema est clair :

Romains 10 : 17 " Ainsi la foi vient de ce qu'on entend et ce qu'on entend vient de la Parole de Christ "

Chers voisines et voisins, vous devenez racheté (e) quand vous écoutez uniquement "le message" et le message c'est "la Parole de Christ de Nazareth". Donc la foi naît du message que l'on entend.

Ma sœur et mon frère, Le Père céleste nous a donné une certaine quantité de foi dès le commencement, maintenant pour permettre à cette petite quantité de foi de grandir, nous devons la nourrir par la Parole de Christ/Dieu.

Notez bien, ma sœur et frère racheté, pour que notre foi grandise dans un domaine, nous devons écouter la Parole de Dieu. C'est pour cette raison que Satan avait multiplié les sectes pernicieuses, les religions occultes et autres loges et dojos pour y détruire les âmes.

La Parole de Dieu transforme l'âme détruit par Satan.

La prière ne peut pas grandir la foi, elle l'utilise. La mission principale de la prière est de nous mettre en contact avec Dieu et sa puissance.

Ma sœur et frère racheté, le message " c'est celui qui s'appuie sur la Sainte Bible " ipso facto le Coran ne donne pas la foi, la catéchèse et l'adoration d'une statue instituée par le Catholicisme romain ne donne pas la foi, les fables autour de KIMBANGU, la Tour de Garde/ Réveillez-vous de l'antéchrist " Société des Témoins de Jéhovah, les fables de William Marion BRANHAM qui s'est autoproclamé dieu, les fables des Mormons /des saints de derniers jours, la bible de Satan, les fables de la Rose croix, des Illuminati, le message du Graal, le message ECKANKAR , les fables des sorciers, magiciens et autres forces du ténèbres ne donne pas la foi.

Seule la Parole du royaume de Dieu sauve.

UNIQUE CHEMIN, UNIQUE FOI : LE FILS DE L'HOMME

A ma sœur et frère racheté,

En publiant la série de prédication sur les sectes/religions occultes/Antéchrists, j'ai été sidéré par la réaction de personnes attachées aux religions sous le coup de colère sont arrivés à me demander de les laisser dans leur foi comme s'il y a plusieurs chemins à croire (foi).

Ma sœur et frère racheté tenez bien " Le Fils de l'homme/Christ de Nazareth est "L'UNIQUE CHEMIN" vers le Dieu Vivant et UNIQUE FOI.

Vous pouvez avoir une bonne vie et faire beaucoup de bonnes œuvres, mais cela ne vous rapprochera pas de Dieu, vous aurez toujours le péché dans votre esprit et votre cœur, vous ne serez pas capable de vous justifier vous même ou d'avoir une vraie relation avec le Père qui est aux cieux.

Ne tournez pas le dos au Fils de l'homme et continuer à adorer une statue, de rester dans l'occultisme, dans la sorcellerie, dans la magie, dans le satanisme, les Illuminati, le plaisir de ce monde et autres pratiques des ténèbres car un jour qui arrive, il sera "UN JUGE".

Vous devez reconnaître que vous êtes pécheur et que vous avez besoin du sacrifice sur la croix du Fils de l'homme. Ensuite faire un choix d'abandonner définitivement le péché et être conduit uniquement par le Logos Rhema "La Sainte Bible" sous la conduite de l'Esprit de Dieu jusqu'à son retour qui s'annonce imminent. Sans cela vous êtes simplement fanatique d'un système dans lequel Le Dieu Vivant n'existe pas je dis "votre religion ".

Dieu n'est pas dans une religion mais dans une personne qui s'est repentie et mène au quotidien une vie sans péché, conduit par la Parole de Dieu et par Dieu lui-même à travers son Esprit qui habite en lui :

1. Mathieu 12 : 30 "Celui qui n'est pas avec moi est contre moi et Celui qui n'assemble pas avec moi disperse".

2. Jean 14 : 6 "Jésus lui dit : je suis le chemin, la vérité et la vie. Nul ne vient au Père que par moi".

3. Actes 4:12 "Il n'y a de salut en aucun autre, car il n'y a sous le ciel aucun autre nom qui ait été donné parmi les hommes, par lequel nous devions être sauvés".

4. Actes 2 : 38 " Pierre leur dit : Repentez-vous, et que chacun de vous soit baptisé au nom de Jésus- Christ, pour le pardon de vos péchés, et vous recevrez le don du Saint-Esprit ".

5. Jean 3:36 "Celui qui croît au Fils a la vie éternelle : celui qui ne croît pas au Fils ne verra point la vie, mais la colère de Dieu demeure sur lui".

Donc en dehors "du Fils de l'homme" pas de chemin ni de la foi "Ne perdez pas votre temps dans la religion".

QUID DE JULES LWESSO KISALIMA.

Profil

Né à Tubungu le 27.04.1964, groupement Bashimwenda I, chefferie Basile, Territoire de Mwenga, province du Sud–Kivu en RDC.

Ses résidences à : Kinshasa, Bukavu, Kamituga, et Kitutu où il y a des plantations.

Ses études :

- Ecole Primaire Catholique à Kitutu – Ecole secondaire : Institut Tangila de Kamituga–Ecole supérieure : Institut Supérieur de Développement Rural (ISDR–Bukavu), il est Technicien de Développement Rural : option planification régionale en 1991.

Expérience professionnelle

1. 1991-1995 : animateur de l'ONG Promotion des Initiatives Locales (PIL ASBL) à Ngando – Mwenga,
2. 1995-2005 : animateur du Bureau de Développement Communautaire de la 5ème Communauté des Eglises de Pentecôte en Afrique (CELPA). Pendant ce temps il est acteur du mouvement associatif dans la ville de Bukavu et initie avec Son excellence Fernandez Murhola le Bureau de Coordination des Observateurs Indépendants des Elections (BUCOIE), une des associations fondatrices du Réseau des Associations des Droits de l'Homme au Sud-Kivu (RADHOSKI).
3. 2006-2016 : chargé des projets au Département de la Diaconie à la présidence de l'Eglise du Christ au Congo (ECC) pendant cette période en 2008 : il est Représentant de Norwagian Church Aid (NCA) à Kinshasa. En 2010. Chef du projet de la digue de Mutambala, du marché de Baraka et la route Kazimia en territoire de

Fizi, province du Sud–Kivu avec l'appui du Fonds pour la Consolidation de la Paix de la Coopération Allemande GTZ.

4. Président du Groupe Mamans Tabita (GMT) ASBL.
5. En 2011 à ce jour : Chef de bureau à la Direction d'Etudes et Planification (DEP) et Direction de Micro finance, Secrétariat Général du Ministère de l'Entreprenariat et PME, Ancien de l'Eglise locale ECC/5éme Communauté des Eglises Libres de Pentecôte en Afrique (5éme CELPA) BADIADINGI DUMEZ,
6. 2016 : Chef du projet de suivi des lettres de missions des Ministère de Transport et voies de communication et Energie et Ressources hydrauliques dénommé PARTICIPE–CONGO avec l'appui de DFID, la coopération britannique sous la direction de l'ONG International Rescue Committee (IRC).
7. 2016 à ce jour : Officier des Droits de l'Homme, de la Commission Nationale des Droits de l'Homme de la République Démocratique du Congo (CNDH), Expert en Droits Economiques, Sociaux et Culturels de la 25ème session du collège Universitaire Henry Dunant de Genève en Suisse en 2018,
8. 2020 à ce jour, Etudiant en Licence et Maitrise en Théologie de l'Institut Supérieur Théologique et Ministériel d'OTAWA (ISTM) au CANADA et ensuite doctorant. Médiateur de la Synergie des Femmes de la Société civile (SYFES) pour son projet d'encadrement des jeunes filles Kuluna qui s'adonnent à la consommation de la drogue et autres stupéfiants en vue d'une jeunesse sobres dans la commune de Kinshasa et Selembao dans la ville de Kinshasa.
9. Expert du Secrétariat Général du Conseil National des Religions pour la Paix (CNRP-RDC).

Printed by Books on Demand GmbH, Norderstedt / Germany